SOUVENIRS DE L'EMPIRE

# LES CABRÉRIENS

ÉPISODE

## DE LA GUERRE D'ESPAGNE

PAR

**GABRIEL FROGER.**

PARIS : AMYOT, RUE DE LA PAIX.

1849

PARIS.

SOUVENIRS DE L'EMPIRE.

# LES CABRÉRIENS.

SOUVENIRS DE L'EMPIRE

# LES CABRÉRIENS

ÉPISODE

## DE LA GUERRE D'ESPAGNE

PAR

GABRIEL FROGER.

PARIS : AMYOT, RUE DE LA PAIX.

# PRÉFACE.

J'ai toujours aimé les vieillards : cela tient sans doute à ce que ce furent des vieillards qui prirent soin de mon enfance; mais j'aime par-dessus tout les vieux soldats et les vieilles histoires qu'ils savent si bien raconter.

Je me plais avec ces hommes le plus souvent incultes et simples, s'animant soudain si d'aventure ils parlent de leur jeunesse et des campagnes auxquelles ils ont pris part.

J'aime à les entendre faire ces récits pittoresques des grandes batailles auxquelles ils assistaient et dont ils s'attribuent le plus naïvement du monde une part du résultat glorieux.

C'est à cette sympathie que je dois de pouvoir écrire ce livre, dont le véritable auteur est un vieux soldat de l'empire. Ce sont ses souvenirs, dictés au coin du feu, pendant les longues veillées de l'hiver, que je viens, chétif copiste, livrer au public; m'excusant du peu de talent que je mettrai dans ce travail, et ne reculant pas néanmoins devant la tâche que je me suis imposée : car j'ai la conviction d'accomplir un devoir, et l'espérance de pouvoir être utile et à l'auteur et à ses compagnons d'infortune, en faisant connaître leurs malheurs, l'oubli dans lequel ils furent ensevelis, et la profonde misère qui, pour la plupart, est venue apporter le dernier coup à des existences déjà si torturées!

Mais auparavant, un mot d'explication sur les circonstances qui m'ont mis en rapport avec l'auteur de ces mémoires.

Venu à Paris, il y a quelques années, je pris une chambre dans une maison habitée par des familles de toutes conditions et quelques jeunes gens comme moi.

Différent du plus grand nombre, qui demandent des distractions aux réunions joyeuses des jeunes gens, je me permettais seulement quelques lectures sérieuses, parfois un journal.

M'occupant peu de mes voisins, je ne liai connaissance avec aucun ; mais je ne tardai pas à remarquer la présence d'un vieillard absolument chauve, dont la forte moustache grise annonçait un ancien militaire. Je me faisais un devoir de lui témoigner du respect à chacune de nos rencontres, et je m'apercevais que ma vue lui faisait plaisir ; aussi n'eus-je bientôt rien plus à cœur que de trouver le moyen d'entrer en relation avec lui. C'était facile : j'appris qu'il faisait de petits ouvrages de menuiserie ; une petite commande, je ne sais quoi, me permit d'aller chez lui.

Hélas! je fus péniblement affecté à la vue de son intérieur. Tout était d'une propreté exquise; mais quel dénûment complet!

En me rappelant mes premières années, et ce qu'eussent souffert mes vieux parents, à peu près du même âge, dans une position pareille, mon cœur se serra, et quoique je ne me souvienne pas d'avoir jamais pleuré, les larmes en ce moment me vinrent aux yeux.

Résolu à faire parler ce digne homme, et connaissant le côté faible des vieux soldats, je me plaçai devant un buste de l'empereur, et je dis avec conviction :

— Je voudrais bien avoir votre âge...

— Et moi le vôtre, répondit-il en souriant.

— Oh! je parle sérieusement, ajoutai-je, en lui montrant l'objet qui attirait mes regards : c'était le temps des grandes choses...

— Vous avez raison, monsieur, répliqua-t-il, et malgré tous mes malheurs passés et ma misère présente, je suis fier de ce temps-là! J'aimais l'empereur! et pour lui, voyez-vous, l'on me dirait aujourd'hui encore, en me montrant la route que j'ai parcourue... l'empereur t'appelle!... que je dirais: en avant!

Puis, après une pause, il reprit, comme s'il venait de mesurer le passé :—J'ai pourtant bien souffert!

Cette réflexion deux fois exprimée m'inspira le désir de connaître à quelles circonstances elle se rattachait; je lui dis donc : — Vous avez sans doute fait les guerres de l'empire?

Il ne demandait pas mieux que de satisfaire ma curiosité, et il me raconta, sans suite, il est vrai, mais avec enthousiasme, les différentes phases de son existence militaire. Son œil étincelait en prononçant le nom du grand capitaine. —Enfin... vint la désastreuse guerre d'Espagne, qui fut et le prélude de nos revers et le commencement de ses misères!

Il m'exposa naïvement les préliminaires de cette capitulation de Baylen, premier échec essuyé par Napoléon que la fatalité commençait à saisir, et qui fut pour tout un corps d'armée la cause de la captivité la plus rigoureuse et des traitements les plus cruels.

Qui n'a entendu parler des six ans passés à Cabrera, par les débris de l'armée du général Dupont...?

La mémoire du vieux soldat, un peu engourdie d'abord, devenait docile. On eût dit, en le voyant, qu'il donnait, artiste émérite, l'explication d'un tableau placé sous ses yeux!

Je compris alors comment ses pareils tiennent, durant des journées entières, un auditoire fasciné et ému! Et qu'on n'aille pas croire que ceci tient à la position des auditeurs, le plus souvent ignorants et curieux; cela tient à l'élévation des idées, et à l'originalité énergique de la diction... Les vrais soldats de l'empire ont foi en la grandeur de leur rôle, et cela les grandit, en effet, quand ils s'y replacent de nouveau.

— Comment se fait-il, lui dis-je alors, que

l'empereur n'ait pas réclamé contre votre servitude? Et, tout au moins, comment l'opinion ne s'émut-elle pas des tortures que vous eûtes à subir?

Et il répondait :

—Je ne sais pas pourquoi cela s'est passé ainsi, monsieur ; mais ce dont je suis sûr, c'est que l'empereur n'a pu changer notre sort, car il l'aurait fait... C'était un père pour ses soldats!

On m'a quelquefois expliqué, depuis, qu'à l'issue de ce désastre l'empereur avait diablement du fil à retordre, et que lors même qu'il l'eût voulu, il n'eût pu, en raison des circonstances, s'occuper de nos affaires... On dit même qu'il prit soin d'étouffer les bruits de ce désastre qui eussent pu jeter du découragement dans l'armée... Quoi qu'il en soit, je vous le dis, monsieur, le petit caporal était un grand cœur!

—Mais depuis votre retour en France, n'a-t-on rien fait pour vous? Le gouvernement eût dû venir en aide à de pareilles infortunes. Beaucoup d'entre vous sont perclus, et conséquemment incapables de suffire à leurs besoins ! Vous-même, mon vieil ami (depuis quelque temps j'étais assez heureux pour échanger ce titre), n'aurait-on pas dû vous donner des secours si bien mérités ?...

— Je crois, me répondit-il, que quelques-uns des nôtres ont trouvé place aux Invalides : c'est le petit nombre. Pour moi, tant que j'ai pu travailler je n'ai fait aucune demande ; mais maintenant, ajouta-t-il avec un sourire mélancolique, les forces sont épuisées... il n'y a plus que le courage qui ne manque pas ! Aussi j'avais l'intention d'adresser au roi (1) une pétition pour demander quelques secours... mais un refus rendrait ma situation plus pénible encore... On obtient facilement des faveurs, dit-on ; mais quand on n'a que son droit et la justice, c'est plus difficile.

---

(1) Rien n'a été changé à cet ouvrage depuis la Révolution de Février.  G. F.

— Il n'en peut être ainsi, m'écriai-je ; réclamez sans crainte au nom de vos services, au nom de l'humanité : elle ne vous fera point défaut ! Ou plutôt, attendez quelque temps encore ; recueillez vos souvenirs. Je tracerai sous votre dictée le tableau de vos malheurs ; et, j'en ai la conviction intime, le pouvoir, adoptant les sentiments du public sur votre compte, entendra votre voix et adoucira vos misères !

Et le vieillard, se rattachant à cette dernière espérance que j'évoquais devant lui, accéda à ma demande.

C'est donc son récit qui va suivre, tel qu'il me l'a fait ; et si l'œuvre par elle-même ne mérite pas la faveur du public, ah ! qu'elle soit acquise aux malheurs que je retrace et aux sentiments qui m'ont dirigé !

Juillet, 1847.

———

Ma tâche était terminée, lorsque, dernièrement, un journal m'étant tombé sous la main, j'y lus une note qui m'intéressa vivement.

Elle se rapportait aux infortunés dont je me disposais à publier les malheurs. C'était une nouvelle qui devait rendre mon pauvre voisin bien heureux ! — Je courus chez lui, et lui présentant l'article : Mon ancien, lui dis-je, lisez-moi cela ; c'est relatif aux camarades que vous laissâtes à la cambuse quand on vous permit de déménager.

A peine avait-il jeté les yeux sur le journal, qu'au nom de Cabrera ses yeux s'emplirent de larmes ; et, dominé par son émotion, il me rendit la feuille d'une main tremblante, en me priant de lire moi-même.

On y disait :

« L'escadre d'évolutions a passé à Palma, et, par ordre du prince de Joinville, le bateau à vapeur *le Pluton* a été détaché, ayant à son bord M. l'abbé Coquereau et un nombreux état-major, pour aller à Cabrera recueillir les restes des Français tombés aux mains des Espagnols à Baylen, et morts sur cet îlot pendant les guerres de l'empire. Cette pieuse cérémonie a eu lieu avec toute la pompe possible. Les marins de l'escadre ont voulu se cotiser pour subvenir à tous les frais. Un service funèbre a été célébré par M. l'abbé Coquereau, et les restes de nos malheureux prisonniers ont ensuite été inhumés dans une même tombe, sur laquelle on a placé une pierre, avec cette inscription :

A LA MÉMOIRE DES FRANÇAIS MORTS A CABRERA.

« L'escadre d'évolutions de 1847. »

La joie de mon vieil ami fut intraduisible. Il parlait avec effusion des marins de l'escadre, et les confondait avec les Vieux de la Vieille.

Par ses soins, ses vieux camarades se réunirent et firent, à quelque temps de là, célébrer à Paris un service funèbre pour leurs anciens compagnons d'infortune.

C'était un bien sublime spectacle, de voir ces vieillards réunis au nombre d'une centaine, et se dirigeant sur deux rangs, dans le plus grand ordre, un crêpe au bras, vers l'église où le chant funèbre retentissait !

Aussi, comme on les considérait avec attendrissement et sympathie! Et si quelqu'un demandait : Quels sont ces vieillards? les femmes répondaient : Ce sont des hommes qui ont bien souffert, et qui vont prier pour des martyrs!

Après avoir prié, ils se réunirent tous dans un banquet, calme comme une réunion de famille.

J'avais l'honneur de me trouver au milieu de ces glorieux débris. Mon vieil ami qui présidait ne m'avait jamais semblé si heureux.

Après les épanchements touchants d'une amitié cimentée par une longue communauté de gloire et de souffrances, ils allaient se séparer, lorsque le président, se levant, leur adressa cette courte allocution :

«Camarades, nous avons assez vécu, puisqu'il nous a été donné de voir ce jour qui nous rassemble! Chaque heure, désormais, diminuera notre nombre, et bientôt les *Cabrériens* n'existeront plus que dans quelques souvenirs! Prenons l'engagement de nous réunir jusqu'à notre dernier moment à pareille époque, pour prier comme aujourd'hui, pour ceux qui nous auront devancés dans la tombe!»

Après ces paroles qui arrachèrent des larmes à tous ces vieillards vénérables, il proposa un dernier toast qui fut couvert d'applaudissements unanimes :

« Camarades, aux marins de l'escadre, les *Cabrériens* reconnaissants! »

# INTRODUCTION.

## GUERRE D'ESPAGNE.

J'étais marié lorsque la conscription vint m'atteindre en l'année 1807. Désigné pour rejoindre la première légion de réserve en garnison à Lille, j'arrivai dans cette ville le 18 juin, et fus incorporé, le lendemain, dans le deuxième bataillon de la sixième compagnie.

Il y avait à Lille une des cinq légions que l'empereur avait formées pour instruire les recrues avant de les distribuer dans les différents corps, selon les besoins de l'armée active.

Mon séjour dans cette ville fut de courte durée. Dès le 15 septembre, le premier et le deuxième bataillon reçurent l'ordre de gagner la frontière méridionale, où les convoquait l'empereur à la suite de plans arrêtés dans sa pensée profonde et dont personne ne connaissait encore le secret.

L'ordre du départ fut salué par nous de cris de joie unanimes. Nous allions donc, nous aussi, voir l'ennemi en face, et prendre part à la moisson de lauriers que Napoléon savait rendre si abondante! Nous allions quitter la vie de garnison, la plus antipathique au soldat de cette époque; et puis, une raison puissante, que nous ne disions pas... fortifiait encore notre ardeur : le nom de *conscrit* n'allait bientôt plus stigmatiser nos jeunes fronts!

Nous nous dirigeâmes vers l'Espagne, ignorants de nos futures destinées, mais rêvant des actions assez éclatantes pour ne pas ternir le renom que s'étaient acquis nos anciens dans la carrière ! Une chose, néanmoins, assombrissait nos projets de gloire : nous allions en Espagne sans être en guerre avec cette puissance!...

Qu'allait-il donc se passer?...

Bientôt nous apprîmes que l'Espagne n'était point

le but où devait s'arrêter notre marche... nous traverserons seulement cette contrée; et des vaisseaux qui nous attendent à Cadix, nous déposeront aux Grandes Indes.

Tels furent les renseignements qu'on livra à notre curiosité, à notre arrivée à Bayonne, dans les premiers jours de novembre.

Nous attendîmes dans cette ville le troisième bataillon qui devait nous y rejoindre, ainsi que notre général en chef Dupont, qui arriva le 15 décembre.

Permettez-moi de vous dire en deux mots l'impression que produisit sur nous l'arrivée de notre général.

Le lieutenant-général comte Pierre Dupont de l'Étang s'était signalé, déjà, sur plusieurs champs de bataille; et, unissant à une bravoure reconnue, une parfaite entente des lois stratégiques, il avait, en plus d'une circonstance, attiré sur lui l'attention.

A Marengo il fait des prodiges de bravoure. Quelques mois après, il gagne presque seul la bataille de Pozzolo sur le comte de Bellegarde. L'année suivante, il culbute les Autrichiens, sous la conduite de l'archiduc Ferdinand, à Aslach, avec sa seule division, et fait plus de prisonniers qu'il n'a de soldats;

trois jours plus tard, à Albeck, il se couvre de gloire en battant deux fois en quarante-huit heures, le même archiduc, qu'il empêche d'opérer sa jonction avec Mack, qui se voit alors forcé de rendre Ulm.

En 1806, il s'empare de la place de Halle, défendue par un immense pont fortifié et vingt-cinq mille hommes sous les ordres du prince de Wurtemberg, et fait dire à Napoléon, saisi lui-même d'étonnement : « Quoi ! c'est sur ce pont qu'il a passé devant une armée ! j'aurais hésité à attaquer avec soixante mille hommes ! »

Et pour citer enfin son plus beau titre de gloire, à Friedland deux armées se trouvaient en présence, et la victoire allait décider les plus grandes questions. Le général Dupont, qui arrive sur le champ de bataille, après une marche forcée de neuf lieues, voit la garde russe prête à renverser nos lignes. Dupont n'hésite pas : il n'a point reçu d'ordres; mais d'un coup d'œil il a vu le danger; il donne le signal, et sa division, se précipitant avec impétuosité, culbute les ennemis et décide du sort de la journée.

Napoléon lui adressa les éloges les plus flatteurs sur le champ de bataille même.

Mais il nous était réservé d'apprécier d'une manière cruelle la vérité de cet adage : « Tel brille au second rang qui s'éclipse au premier ! » Après avoir cité les traits qui honorèrent le général Dupont, il me faudra, obéissant à l'histoire, relater les faits qui ont produit sa honte et notre malheur. Au milieu des explications contradictoires qu'on a données de cet événement, trop funeste, hélas! je tâcherai d'oublier le martyre dont il fut le signal pour mes compagnons et pour moi ; et racontant les faits tels que je les ai vus, sans rien ajouter comme sans rien omettre, en conscience je resterai dans le vrai ! Malheur ! mille fois malheur ! si la vérité, même adoucie, est un stigmate indélébile !

Mais n'anticipons point sur les événements ; et sans vouloir faire l'histoire de la guerre de la Péninsule, ce qui serait au-dessus de nos forces, suivons un peu la marche des faits, tels que put les apprécier le modeste narrateur de ces mémoires.

La pensée suprême de Napoléon a toujours été d'affaiblir la puissance de l'Angleterre ; tous les efforts de sa politique ont été dirigés vers ce but.

Dès l'année 1804, une alliance avec l'Espagne, des apprêts gigantesques d'invasion avaient montré ce projet sur le point de se réaliser.

La fatalité qui ne cessa de présider à tous les projets de Napoléon contre l'Angleterre vint annihiler tous ses efforts !

N'ayant pu trouver cet homme de la marine que, selon ses propres expressions, il a cherché toute sa vie, il fut obligé de confier ses flottes à l'amiral Villeneuve, que la défaite d'Aboukir n'avait point instruit dans l'art de vaincre. Et cet homme, inférieur à son époque et à sa destinée, vint, après les évolutions les plus inhabiles, faire anéantir les flottes combinées de la France et de l'Espagne à la bataille de Trafalgar.

A l'époque de ce désastre, Napoléon renonçant, pour quelque temps du moins, à frapper l'Angleterre au cœur, tourna ses armées contre les stipendiés d'Albion ; et l'Allemagne éprouva une fois encore, combien il était invincible, quand son génie ne rencontrait pas l'Océan pour barrière.

Cependant son projet favori fermentait toujours dans les profondeurs de sa pensée : il cherchera quelque autre endroit vulnérable. Il a songé aux colonies et cela dans un double but, d'abord afin d'attirer son ennemi sur d'autres champs de bataille, et aussi de lui susciter de nouveaux embarras en étendant sa propre puissance. Mais, à vrai dire, ce projet lointain n'était pas sérieux : c'était une feinte; et tandis que la renommée publiait sa prétendue invasion, par la Russie et la Perse, de la péninsule d'or dans l'Inde, il se disposait par des moyens moins avoués, à envahir le Brésil et les possessions espagnoles d'Amérique.

Pour cela, sa politique prendra des routes fatales; car le succès ne lui permettra point d'accomplir les réformes qu'il avait en vue relativement à l'Espagne, et qui auraient justifié ce que son plan peut présenter d'odieux. C'est ainsi, du reste, qu'il l'envisagera lui-même, lorsqu'une immense chute l'aura laissé, sur un rocher désert, seul en présence du passé!

Il va d'abord entreprendre la conquête de l'Espagne et du Portugal.

Pour s'emparer du Portugal, placé alors dans les circonstances les plus critiques, il compte sur le concours actif des hommes dégénérés qui occupent le pouvoir en Espagne! Un article du traité secret de Fontainebleau attribue à Napoléon le droit de faire passer par l'Espagne les troupes qu'il dirige sur le Portugal; et étendant cette faculté selon les vues de sa politique, il fera bientôt occuper l'Espagne elle-même, tandis que les troupes de cette puissance seront disséminées par l'Europe ou aideront Junot à consolider sa conquête.

Junot, chargé de la conquête du Portugal, était un des hommes les plus intrépides de ce temps si fécond en caractères déterminés. Tout le monde connaît cette répartie qu'il adressa à Bonaparte lors du siége de Toulon ?

Le capitaine d'artillerie dictait au sergent Junot quelques notes sur les dispositions à prendre, lorsqu'un boulet, tombant à quelque distance, vint les couvrir de sable... Ce secrétaire improvisé, sans manifester d'émotion, se contenta de dire en montrant son papier :

— Parbleu ! ce sable vient à point !

Ce mot fut le principe de sa fortune. Junot ne démentit point en Portugal ce caractère d'audace et d'exécution qu'il avait montré dans diverses expéditions. Son invasion eut lieu dans les circonstances les plus fâcheuses, par les routes réputées impraticables de la Sierra-Estrella. Le temps devient mauvais ; les torrents descendent des montagnes et menacent de couper toute issue à l'armée française ;

les paysans se sont enfuis à son approche en emportant les vivres, et les premiers besoins déciment l'armée...

Qu'importe à Junot, que les éléments s'unissent à la nature pour arrêter sa marche ? son énergie croît à mesure ! Il court avec ceux qui peuvent le suivre : une poignée de soldats ! quinze cents hommes, à peine, hâves, en lambeaux, exténués !... Il arrive à Lisbonne, s'en empare : trop tard toutefois; car le régent et la famille royale étaient partis, emportant avec eux les richesses et les sympathies publiques.

Néanmoins, que la fortune seconde ses efforts, et le général français, assis près d'un trône, s'appellera... duc d'Abrantès, d'abord ; et puis, qui sait ?... Mais les haines contre les vainqueurs apparurent terribles, vivaces ! l'habileté, la rigueur peuvent à peine comprimer une immédiate effervescence !...

Encore un peu de temps, et la guerre d'Espagne, prenant aussi des teintes sombres, rendra impossible la conservation d'une conquête qui n'a pour appui que des canons aux meurtrières des citadelles.

Mais revenons à la guerre d'Espagne et résumons rapidement les caractères principaux de cette campagne.

L'Espagne était depuis longtemps dans un état déplorable. Son gouvernement aussi odieux que méprisable était tombé dans la plus profonde abjection.

Charles IV régnait alors, ou plutôt, Charles IV s'appelait le roi d'Espagne et des Indes !... La reine, célèbre par le dévergondage le plus éhonté, était publiquement la maîtresse de l'intrigant le plus vil et le plus dissolu de cette époque d'avilissement pour l'Espagne !

Don Manuel Godoï, amant de la reine, avait acquis sur l'esprit du roi la plus funeste influence. Parvenu aux plus hautes dignités, il était alors duc d'Alcudia, prince de la Paix, grand amiral et grand ministre.

L'avarice de Godoï égalait sa passion effrénée pour les femmes ; et c'était avec une égale facilité qu'il assouvissait ces deux passions. La famille royale l'accablait de faveurs, et les courtisans épiaient l'occasion de jeter dans ses bras leurs filles et leurs épouses ! La cour était pour ainsi dire un foyer de prostitution, et pour nous servir des expressions d'un de nos plus grands écrivains, « elle était devenue un de ces lieux où la muse indignée de

Juvénal conduisit la mère de Britannicus ! »

Godoï était odieux à l'Espagne, et la crainte seule nous l'avait donné pour allié. Une occasion vint bientôt révéler ses sentiments à notre égard. Napoléon étant attaqué par la Prusse, Godoï publia une proclamation par laquelle il appelait la nation aux armes contre un ennemi qu'il ne nommait pas... Après la victoire d'Iéna, Godoï sentit renaître ses terreurs, et chercha à expliquer sa conduite par une prétendue agression du roi de Maroc. Il obtint sa grâce par les plus lâches concessions. C'est qu'alors Napoléon, ayant pris une détermination irrévocable, voulait laisser le gouvernement espagnol dans cette position vague qui tient le milieu entre la crainte et la sécurité.

Sa détermination, dis-je, est irrévocable. L'Espagne reconnaîtra sa puissance. Il la rendra française à tout jamais, soit par une révolution, soit par un changement de dynastie. Il n'en sait rien encore ; et son esprit, embarrassé dans cette affaire oblique, flotte indécis pour la première fois !...

Du reste, cette indécision le sert à merveille, en ce qu'elle l'oblige à louvoyer au milieu d'intérêts et de passions contradictoires, en les flattant simultanément ; ce qui lui permet de les employer également à l'exécution de ses desseins.

A Godoï, il fera entrevoir un lambeau du Portugal, les Algarves érigées pour lui en principauté; à Charles IV, protection contre un fils dénaturé qui conspire contre ses jours et sa couronne!... A Ferdinand lui-même, ennemi de la France, mais que les événements et sa pusillanimité ont mis à sa discrétion, l'empereur fera espérer la conservation tranquille d'un trône usurpé et une alliance impériale.

Mais ce serait outre-passer le plan que nous nous sommes tracé que d'entreprendre un tableau complet de la guerre d'Espagne, dans sa marche et ses conséquences. Je me résume : Tandis que d'un côté la famille de Bragance passe au Brésil et que la conquête du Portugal s'effectue avec une rapidité merveilleuse ; que les Bourbons d'Espagne, affaiblis encore par leurs querelles intérieures, se mettent de plus en plus à la discrétion de l'empereur ; tandis qu'un fils, odieux à son père, à sa mère et à leur favori, et par cela même aimé du peuple qui le seconde, usurpe un trône ébranlé,... soixante mille hommes pénètrent en Espagne!

« En ce moment, ai-je lu quelque part, le peuple espagnol, qui sentait l'état d'avilissement dans lequel son gouvernement le faisait croupir, paraissait désirer la médiation de l'empereur, et attendre une nouvelle vie de l'homme qui remuait l'Europe. » Pour mon compte, je puis affirmer qu'on nous logea, tout d'abord, par escouades nombreuses, afin de nous affermir contre les élans de l'amitié espagnole, qui se traduisait si vivement, qu'elle nous allait droit au cœur!... Mânes des Français assassinés, levez-vous pour répondre à ceux qui écrivent ainsi l'histoire !

Cependant les faits précipitent leur marche. Les troupes françaises, par audace ou par ruse, s'emparent des places fortes qui sont en quelque sorte le boulevard de la Péninsule. Pampelune, Barcelone, Montjoui, Saint-Sébastien et Figuières, tombent tour à tour en leur pouvoir.

Ces faits significatifs font croître la méfiance des Espagnols, et la cour qui tremble ne trouve pour conjurer la tempête que des déterminations de plus en plus pusillanimes!

Charles IV, en proie à des conseils opposés, n'a pas su prendre un parti. D'abord il a tourné ses regards vers la terre étrangère ; puis, les événements d'Aranjuez ont amené une abdication qu'il présentera, plus tard, comme arrachée par la force...

Sur ces entrefaites, Murat, arrivé à Madrid, évite de reconnaître le nouveau roi et affecte les plus grands égards pour Charles IV...

La terreur et l'espoir rempliront tour à tour l'âme de Ferdinand, qui obéissant à de perfides suggestions accomplira les démarches les plus funestes ; jusqu'à ce qu'enfin, attiré à Bayonne avec le roi et la reine, il donne au monde le spectacle de scènes de famille capables de faire rougir de honte dans leurs sépulcres ses ancêtres dont il répudiera l'héritage !

Mais les Espagnols éprouvèrent un frémissement de rage en voyant qu'on s'était joué de leurs despotes légitimes, et leur âme, qui avait conservé en partie le caractère chevaleresque du moyen âge, et qui eût peut-être accueilli l'empereur, sinon avec amour, du moins avec respect et admiration, s'il s'était posé en conquérant, ne respira plus que vengeance et meurtre !

C'est en vain que Napoléon expliquera dans une proclamation mémorable ce que ses vues avaient de grand ; vainement encore placera-t-il sur le trône d'Espagne, son frère Joseph, qui s'est étudié à régner en faisant les délices de Naples!...

L'insurrection s'étend du Nord au Sud, employant indifféremment toutes les armes : l'épée, le poignard ou le poison!...

Madrid donnera le signal ; les Asturies et la Galice prendront les armes; des juntes formées à la hâte, ayant à leur tête celle de Séville, essayeront vainement de diriger ce torrent qui menace de tout détruire sur son passage. — Amis et ennemis doivent redouter son aveugle fureur... Les Français n'ont point de merci à en attendre.

Sur ces entrefaites, l'amiral Rosily, bloqué dans le chenal de la Caraca, près de Cadix, se voit forcé de livrer aux Espagnols la flotte sur laquelle nous séjournerons quelques mois plus tard (14 juin 1808).

Dans le même temps la ville de Valence était le théâtre d'une de ces scènes hideuses de massacre, qui suffisent à salir les révolutions même les plus généreuses. Tous les Français qui se trouvaient dans cette ville furent assassinés sans merci, par une populace furieuse, excitée et conduite par un de ces êtres (dit l'historien anglais, qui cependant, presque en toute circonstance, se fait l'apologiste des actes de férocité auxquels nous étions en butte), dont on aime, pour l'honneur de l'humanité, à attribuer les crimes à l'influence de quelque génie infernal. Cet homme dont le nom doit être voué à l'exécration de la postérité, s'appelait P. Balthazar Calvo, chanoine de l'église de Saint-Isidore à Madrid.

Cependant nos généraux qu'anime une ardeur croissante, éprouvent quelque résistance pour la première fois. Le général Duhesme échoue dans sa tentative contre Lérida, tandis que Palafox, qui s'est enfui de Bayonne, arrive à Saragosse où il se sert habilement de sa popularité pour se faire nommer capitaine général. Incontinent, secondé par Jovellanos et Cabarrus, hommes célèbres à des titres divers, il déclarera la guerre à la France; et, dans son aveugle délire, il osera semer dans nos rangs, ses proclamations, espérant y trouver des traîtres!!

On était alors à la fin de juin : Murat, tombé malade, avait laissé à Savary, duc de Rovigo, le gouvernement de Madrid.

Bayonne est toujours le foyer où s'agitent les plus grandes questions de la politique, et vers lequel convergent tous les regards. Les notables de l'Espagne y sont accourus, et Napoléon leur donne une constitution au nom du roi qu'il leur impose. Dans cette constitution qui embrasse toutes les questions, on a décrété, en première ligne, l'abolition des priviléges.

Mais laissons ces comédies où il y a, comme dans toutes comédies, un machiniste, une victime et des traîtres...

Les notables espagnols ont répondu avec les plus grandes démonstrations de dévouement et de respect; des médailles transmettront à la postérité la plus reculée le souvenir de cet heureux événement, qui doit être pour l'Espagne le principe d'une glorieuse renaissance !

Napoléon, débarrassé d'un lourd fardeau, est de retour à Paris; Joseph a pénétré dans son nouveau royaume, où vont l'accueillir, sans doute, des cris d'allégresse et des bénédictions pendant sa marche triomphale !

Que dis-je? et pourquoi nous livrer à une sécurité chimérique? L'enthousiasme n'a pas pénétré au cœur de la nation; et si la noblesse s'en pare, ce n'est que comme d'un manteau officiel qu'elle déposera, si les circonstances laissent apercevoir dans le camp opposé des chances plus certaines.

L'insurrection promène partout ses armes sanglantes. Le léopard, longtemps craintif, se redresse ; et faisant retentir la Péninsule de ses rugissements sauvages, il encourage les Espagnols en leur montrant ses griffes qu'il aiguise pour les seconder !... Depuis longtemps, il cherchait un allié généreux et sans méfiance qui vînt, en croyant défendre sa propre cause, travailler aux sombres desseins qu'il élabore à l'encontre de la civilisation, de l'émancipation des peuples !

O bonheur ! L'aigle qui a exploré tous les coins de l'Europe sans pouvoir le rencontrer, l'atteindra-t-il enfin ? et dans ses serres puissantes où il se jette follement ne va-t-il pas l'étouffer ?...

Les succès des Français dans le nord de l'Espagne sont brillants et rapides ; mais bientôt ils échouent en Catalogne. Moncey, après quelques succès, est repoussé de Valence. Cependant la prise de Cordoue par le général Dupont, due à un trait d'audace du lieutenant de grenadiers Ratelot au pont d'Alcolea, est suivie de la victoire de Rio-Seco, où Bessières défait les troupes combinées de Blacke et de Cuesta.

Cette victoire, qui par son importance semblait présager de nouveaux succès, fit dire à Napoléon qu'elle plaçait Joseph sur le trône. Ce dernier put, en effet, effectuer son entrée à Madrid ; mais, presque en même temps, une opposition inattendue se manifeste : le conseil de Castille refuse de sanctionner la constitution de Bayonne ; et l'on ne sait quels embarras eût fait naître ce refus, lorsqu'un événement, inouï dans les fastes de la guerre, vint, en annihilant les succès que nous avions obtenus, augmenter l'audace de nos adversaires, et remettre une fois encore en question la destinée de l'Espagne, en obligeant Joseph à évacuer sa capitale... Je veux parler de la capitulation de Baylen !

Arrivé à ce point de mon récit, je sens que les forces m'abandonnent ; je trouve en mon cœur moins de colère que de commisération : mes souffrances ne me permettent-elles pas d'être moins sévère ?... Il m'en coûte de réveiller de lugubres souvenirs ; une raison plus forte m'oblige à parler, néanmoins. N'avons-nous pas été les victimes de ce jour néfaste ?... Les aigles, jusque-là glorieuses, offertes par Castanos en dépouilles opimes, ont orné l'église de Saint-Ferdinand !

O honte ! si nous avons été d'indignes soldats que leur lâcheté ait précipités dans les fers... point de pitié pour nous ! nous avons trop mérité notre misère... Mais si notre valeur a été comprimée, si d'indignes calculs nous ont fait sacrifier... qu'on attribue à chacun la part qui lui revient !

O vous, mes chers compagnons, qui n'avez point revu la patrie, cet objet sacré de vos vœux et de vos plus chers désirs ! vous, dont les ossements blanchis ont attendu si longtemps la sépulture ! c'est en votre honneur que je veux tracer ces lignes, afin que votre gloire paraisse au grand jour ! Et puisse le récit de vos infortunes faire couler ces larmes sympathiques dont vos derniers moments furent privés !...

---

Dans ce qui précède, j'ai essayé de donner sommairement un aperçu général des événements antérieurs à cette désastreuse journée de Baylen. Pour cela, je me suis servi de mes souvenirs ; j'ai puisé à diverses sources et consulté divers documents historiques. Dans ce travail préliminaire, j'ai dû abandonner la ligne stratégique suivie par le corps d'armée dans lequel je me trouvais. Bien qu'il m'eût été facile de raconter de curieux détails, ce n'étaient généralement que des faits secondaires : j'ai cru devoir les omettre. Ce récit d'un vieillard paraîtra, sans doute, bien long déjà à ceux qui le liront, si, toutefois, il y a quelques lecteurs...

Chers camarades, à qui je le dédie principalement, permettez-moi d'abandonner la marche que j'ai suivie jusqu'ici ; et, en laissant de côté tout ce que je n'ai point vu, de retracer mes seuls souvenirs.

Sans doute, chacun de vous pourrait ajouter à ce que je vais dire ; nul ne pourra le démentir.

## CAPITULATION DE BAYLEN.

Après avoir franchi la Navarre et la Nouvelle-Castille, nous nous arrêtâmes quinze jours à Ségovie, grande et belle ville d'Espagne, située sur l'Eresma, petite rivière qui va grossir le Rio-Duero, à quelques lieues de Valladolid.

Devant nous se trouvait la Sierra de Ayllon, cette chaîne de montagnes énorme, qui, d'un côté, se joignant à la Sierra-Estrella, se prolonge sans interruption jusqu'à Lisbonne; et qui, d'autre part, au moyen d'anneaux moins considérables, donne la main aux Pyrénées et à la Sierra-Morena, et forme ainsi le plus gigantesque rempart que la fraternité ait mission d'aplanir.

Ce fut à Ségovie que l'on nous enrégimenta ; puis nous prîmes la route de Madrid, sous les ordres du général Védel.

Arrivés à cette antique capitale des Espagnes, nous fîmes un léger circuit, et nous allâmes camper à Caramanchel, village à une lieue au delà. Nous y séjournâmes trois semaines, pendant lesquelles Murat vint nous passer en revue tous les huit jours.

En cet endroit, nous eûmes à déplorer la perte d'un de nos officiers, qui fut assassiné par un prêtre chez lequel il logeait. Nous le trouvâmes baigné dans son sang à l'entrée de sa chambre ; il avait été frappé entre les épaules d'un coup de poignard. Son meurtrier parvint à se soustraire à notre vengeance.

De cette station funeste nous nous rendîmes à Aranjuez, petite ville sur le Tage, qui se recommande à la curiosité du voyageur par les jardins de sa résidence royale.

Les habitants se soulevèrent. Ce jour-là, il est vrai, ce n'était pas précisément à nous qu'ils en voulaient : nous avions un poste au château du prince de la Paix ; l'attaque fut dirigée de ce côté, et vous savez que Godoï ne possédait pas leurs sympathies. Du reste, à peine fûmes-nous sous les armes, qu'ils se retirèrent en lâchant quelques coups de fusil qui ne tuèrent personne.

Au bout de six semaines, nous partîmes pour Tolède, ville connue de tout parfait gentilhomme. Nous devions coucher à la première étape ; mais, comme nous nous préparions à dresser nos tentes, nous reçûmes l'ordre de nous mettre en marche pour voler au secours de la cinquième légion, cernée dans ses quartiers par les habitants de Tolède.

Arrivés à cinq heures du matin, après une marche forcée, nous dûmes attendre l'ouverture des portes ; alors nous nous couchâmes le sac au dos et le fusil dans nos bras pour être prêts à toute éventualité. Bien nous en prit ; car à l'ouverture des portes nous vîmes deux pièces de canon dirigées contre nous. Prompts comme la pensée, nous courons dessus et nous les saisissons avant qu'on en eût pu faire usage contre nous. Nous fûmes alors conduits à nos quartiers.

C'était le jour de la Fête-Dieu : le général défendit de faire les processions accoutumées, afin d'éviter les suites fâcheuses qui eussent pu résulter du concours des populations avoisinantes. Il savait, comme nous le savions tous, que chaque Espagnol, quelque visage qu'il nous montrât, était un ennemi prêt à frapper, et vous n'ignorez pas que les ennemis cachés sont les pires ennemis.

Au bout d'un mois nous quittions Tolède pour nous rendre à Baylen, dans l'Andalousie, où le général Dupont, qui se trouvait alors à Cordoue avec la première division du deuxième corps de la Gironde, voyait à chaque instant ses embarras s'accroître et ses espérances diminuer.

Le troisième jour nous allâmes coucher à Manzanarès, petite ville à une bonne étape de Ciudad-Réal. Nous fûmes logés dans un hôpital; et aussitôt arrivés, nous nous étendîmes sur des paillasses qui s'y trouvaient pour nous livrer au repos; mais le matin, des imprécations horribles venaient nous faire courir aux armes.

C'était, à la vérité, une fausse alerte; mais le motif n'en était pas moins épouvantable.

Quelques-uns des nôtres avaient été se promener dans le jardin de cet hôpital où nous n'avions jusqu'ici trouvé personne. La terre fraîchement remuée sans motif apparent excite leur curiosité; ils fouillent avec leurs sabres et découvrent un cadavre sanglant !

Frémissant d'horreur, ils continuent leur exploration ; et de nouveaux cadavres s'offrent à leurs regards !

C'est alors qu'ils jettent l'alarme parmi nous. Instruits de l'horrible vérité, notre exaspération ne connaît plus de borne. Nous retournons le jardin en un clin d'œil et nous découvrons : ici des membres, là des têtes, plus loin les vêtements sanglants de nos frères d'armes assassinés !

Nous courons par les salles de l'hôpital, avides de vengeance ! un prêtre s'offre à nos yeux ; et je me demande comment il se fait que nous ne l'ayons pas broyé en un instant... Il n'en fut rien : mille bras levés sur sa tête ne s'abaissèrent point... il nous fallait des renseignements : il nous les donna...

Une compagnie nous avait précédés à Manzanarès, et s'était casernée à l'hôpital. Alors la populace des campagnes s'était ruée vers la ville, furieuse et munie des armes les plus disparates : de faux, de haches, de fourches et de massues, de fléaux et de poignards. Les Français tentent vainement de résister. Accablés par le nombre, ils sont saisis et désarmés sans retard. Et, sans retard aussi, commença, pour ne s'arrêter qu'à leur extinction complète, la boucherie la plus forcenée. Un puits se trouvait dans la cour... quarante cadavres l'avaient comblé! Enfin, quelques malheureux qui étaient parvenus à se frayer un passage, avaient été poursuivis dans la campagne et traqués comme des loups.

— Vengeance! vengeance!

— Aux armes, camarades! tue! tue! fut notre seul cri, notre unique mot de ralliement. Le meurtre et l'incendie allaient venger l'assassinat! Manzanarès allait disparaître du monde!

Terribles représailles! mais qui pourrait nous accuser?...

En ce moment le général survient et nous ordonne de cesser, à l'instant, toute démonstration hostile : les habitants, ajoute-t-il, ne sont point les coûpables! nous obéissons à contre-cœur. Mais au bout d'une demi-heure nous proférions de nouveaux murmures; le sang français criait plus haut au fond de nos cœurs que la voix de notre chef! qu'allait-il se passer ? Le général vient une seconde fois alors, et nous somme de nous mettre en marche pour nous éloigner de cette ville maudite! deux canons braqués sur nous vont faire justice de notre indiscipline. Remettant enfin notre vengeance au premier champ de bataille, nous partîmes en silence ; et bientôt nous nous trouvions à l'entrée des gorges de la Sierra-Morena.

La division Gobert, dirigée sur le même point, et comme la nôtre envoyée pour fortifier l'armée de Dupont, avait suivi un autre itinéraire.

Un avant-poste d'insurgés voulut nous disputer le passage des montagnes; quelques pièces d'artillerie firent une trouée dans nos rangs ; cent hommes au moins restèrent sur la place. Védel fit faire halte immédiatement et essaya d'apprécier dans ces lieux escarpés, quelle pouvait être la position des ennemis. Alors désignant trois compagnies de grenadiers et de voltigeurs, il les envoie en avant. Une demi-heure après, nous nous mettions nous-mêmes en marche, sans crainte, mais avec circonspection. La route que nous suivions serpentait au flanc des montagnes et nous ne savions ce que notre avant-garde était devenue, lorsque nous la rejoignîmes enfin au bout de quelques heures. Elle avait dispersé nos agresseurs et conquis cinq pièces de canon chargées à mitraille, que nous nous empressâmes de détruire.

Les Espagnols, au nombre de six cents environ, avaient fui; un prêtre seul, que nous rencontrâmes disant la messe au milieu des montagnes sur le lieu du combat que lui-même avait excité et qui se présenta devant nous la menace à la bouche, fut traîné à la ville prochaine et fusillé sans merci.

Cependant notre position ne laissait pas que d'être très-inquiétante. A mesure que nous avancions, le pays, désert et dévasté par les habitants, nous offrait chaque jour moins de ressources. La disette commençait à se faire cruellement sentir; nous étions en outre déguenillés comme de misérables bandits... Dans l'espace compris entre la Caroline et Jaën où nous séjournerons désormais, nous en serons réduits, pour manger, aux plus déplorables expédients.

La haine qui s'accumulait sur le nom français croissait dans une proportion telle que nous en étions arrivés à nous méfier bien plus des prévenances et du bon accueil que nous n'étions préoccupés d'une lutte déclarée. Au moins dans le dernier cas nous avions la manifestation de notre courage; et la victoire, indécise déjà, savait pourtant encore couronner notre valeur. Dans le premier, au contraire, nous faisions à chaque instant de nouvelles découvertes, de plus en plus horribles. Tantôt c'était une mère tendre et passionnée qui excitait la vénération de sept cuirassiers, par ces douces vertus qui parent les mères; elle parvenait à les attirer à un dîner de famille; et pour empoisonner les Français, séduits, mais ombrageux encore, elle empoisonnait sans sourciller, pour vaincre leurs scrupules, ses enfants et elle-même! Tantôt c'étaient de nobles dames qui n'hésitaient pas à se prostituer à nos malheureux camarades, afin de pouvoir les poignarder à l'écart. Et puis, c'était le pain, les aliments de toute nature qui contenaient des poisons subtils. Nous avions beau vérifier la pureté des boissons : le poison! toujours le poison parvenait à s'y glisser!... Aussi, une sombre et invincible terreur s'emparait de quelques-uns d'entre nous; et leur figure bouleversée annonçait l'état de leur âme. La peur de mourir empoisonnés les faisait mourir de faim !

Dans l'Andalousie nous n'avions pas, il est vrai, toutes ces préoccupations; car nous manquions de vivres, et ne savions comment faire pour nous en procurer. Parfois des habitants craintifs mettaient ce qu'ils avaient chez eux à notre disposition, et quoique nous fussions arrivés à l'improviste, nous sentions renaître nos terreurs et ne mangions qu'avec la plus grande circonspection ; mais le plus souvent nous en étions réduits à creuser la terre pour nous nourrir de racines ; ou bien encore nous faisions une récolte prématurée, et, des graines vertes que nous avions cueillies, nous faisions des tourtes auxquelles nous ne donnions pas même le temps de cuire.

Le 8 juillet, nous campâmes dans les environs de Baylen, où Védel et Gobert effectuèrent la jonction de leurs forces avec celles de Dupont, général en chef de l'armée d'Andalousie.

Ces généraux s'étant concertés, résolurent de faire occuper Jaën, afin d'assurer leur position à Andujar. Le général Cassagne fut chargé de cette expédition. Le douze, notre régiment, fort d'environ quinze cents hommes, se met en marche vers deux heures de l'après-midi. Parvenus aux bords du Guadalquivir, nous ne trouvâmes point de pont et fûmes obligés de franchir cette rivière sur un bac qui ne contenait que quarante hommes à la fois. Le matin, cependant, le régiment se trouvait sur la rive opposée, avec deux pièces de quatre et un obusier. Alors, pleins d'ardeur à poursuivre notre entreprise, nous avançons à marche forcée, et bientôt nous apercevons Jaën ; c'est-à-dire le but vers lequel nous tendions.

Jaën, cité antique et glorieuse, était placée au centre du plus magnifique panorama ; charmante encore, quoique déchue de son ancienne splendeur, elle ne contenait plus que douze mille habitants.

Les Espagnols embusqués sur un plateau qui la domine, essayèrent de nous repousser ; un feu bien nourri nous accueillit ; heureusement nous avions affaire à des ennemis mal dirigés et sans expérience, qui nous tuèrent peu de monde. Nous nous avançâmes en ordre, jusqu'au pied du plateau, puis chargeant à la baïonnette nous forçâmes nos ennemis à une fuite précipitée. Excités par ce facile succès, nous les poursuivîmes l'épée dans les reins jusque dans la ville qui avait été abandonnée.

Un grand nombre, alors, parvint à regagner les montagnes voisines où se trouvaient déjà les femmes et les enfants.

Sentant l'heureuse disposition du plateau dont nous étions restés maîtres, nous y laissâmes un poste assez considérable pour s'y maintenir ; puis, ayant envahi Jaën, nous nous livrâmes à la maraude... Ce que nous cherchions avidement, en effet, ce n'était pas de l'or, mais des vivres, dont nous éprouvions un si pressant besoin. Nous pûmes faire une assez ample provision de volaille, de lard et de chocolat : quant à du pain, les Espagnols n'en laissaient point derrière eux.

Tandis que nous nous livrions au plaisir depuis longtemps oublié de manger humainement, les Espagnols tentent une surprise dans laquelle ils échouent. Ils sont battus ; mais leur obstination s'accroît à chaque échec, et, comme il est facile de l'imaginer, ils nous attaquent chaque jour avec des forces plus considérables. Le troisième jour, la compagnie dans laquelle je me trouvais, envoyée contre eux avec une pièce de canon, eut l'avantage de les repousser ; mais leur attaque parut peu sérieuse, et Cassagne la considérant plutôt comme une manœuvre d'exploration, prit immédiatement ses mesures pour attendre l'ennemi de pied ferme.

L'événement justifia ses prévisions ; car dans l'après-midi de ce même jour, nous vîmes les Espagnols sortir en colonnes redoutables, des bois du mont Zabaluez, qui paraissait être leur quartier général. Plusieurs détachements de troupes régulières escortaient la masse énorme des paysans d'alentour : leurs forces allaient au delà de dix mille hommes. Une attaque furieuse dirigée sur tous les points à la fois oblige nos camarades qui se trouvaient dans la ville, à se replier vers le plateau où nous sommes nous-mêmes cernés immédiatement. Mesurant alors toute la gravité de notre situation, le général nous dispose en bataillon carré, de manière à présenter de toutes parts une forêt de baïonnettes. C'est le seul moyen d'arrêter ce flot terrible qui menace de nous engloutir. Cette tactique, jointe à l'avantage de notre position, rend incertaine une lutte désespérée.

Le feu était vif et meurtrier au front des deux armées; mais au centre du carré français se trouvaient deux compagnies de réserve qui avaient beaucoup à souffrir. Sans être directement en butte aux coups de l'ennemi, nos rangs s'éclaircissaient d'une manière étrange ! à chaque instant, nous voyions un de nos camarades, le front fracassé par une balle, tomber à nos pieds et mourir !! ce fut le sort de mon chef de file. Le bras mystérieux qui portait ces coups fut enfin découvert. Un de mes compagnons, peu accessible aux vaines terreurs, aperçut enfin, appuyé sur la fenêtre d'une maison voisine, le canon d'un fusil... La face pâle d'un moine à l'œil fauve apparaissait derrière et disparaissait aussitôt, et à chaque apparition un des nôtres était frappé.

Mais notre mystérieux et lugubre agresseur n'a pas remarqué le soldat qui le vise ; on l'aperçoit une fois encore, puis il disparaît pour toujours.

C'est alors que notre capitaine trouvant notre position désavantageuse, nous dirigea vers le lieu où nous avions mis les Espagnols en déroute le premier jour. Le sol était couvert de paille et de gerbes qu'on n'avait pu enlever, et au milieu desquelles se trouvaient éparses les cartouches que les Espagnols avaient jetées en prenant la fuite.

L'attaque continua sur ce point et, pendant l'action qui fut très-vive, le feu prit dans notre camp, la poudre fit explosion et nos deux compagnies furent renversées et fracassées !

Dix ou quinze hommes à peine survécurent à cette épouvantable catastrophe ! c'était pitié de voir nos pauvres camarades, la figure brûlée, la poitrine ou les membres brisés, rétrécis, corrodés ! Plusieurs avaient déjà cessé de vivre ! Je fus moi-même cru mort, dans cette affaire, à tel point qu'un de mes amis, à son retour à Paris, en répandit la nouvelle.

Notre sous-lieutenant était dans le feu, et, couvert de blessures, il ne pouvait fuir l'horrible supplice qu'il endurait... Par bonheur, un vieux sergent le voit à temps ; il traverse les flammes, le saisit et l'emporte à l'ambulance, où tous deux reçurent de prompts secours dont ils avaient également besoin.

Cependant cet incident funeste avait jeté quelque désordre dans nos rangs. Cassagne les parcourt et nous annonce du secours pour fortifier notre courage.

— Enfants ! s'écrie-t-il, la victoire est à nous ! sus aux ennemis, et vive l'empereur !

A ce nom magique que les blessés, que les mourants eux-mêmes répètent avec enthousiasme, nous chargeons les Espagnols qui n'ont pas profité de notre trouble; et, une compagnie du troisième suisse étant arrivée en effet, nous sommes restés maîtres du champ de bataille; mais dans quel état nous nous trouvions ! nous étions victorieux, sans doute, mais de telle manière que nous pouvions répéter ce mot célèbre d'un héros de l'antiquité :
« Encore une victoire semblable et nous sommes
« anéantis ! »

Notre général le comprend parfaitement. Il nous réunit, et après s'être assuré que le poste qui se trouvait au centre de Jaën a rejoint, il nous ordonne de nous tenir prêts à tout. Comprenant à demi-mot, nous nous couchons, le sac au dos et le fusil dans nos bras; et à onze heures du soir, après avoir chargé les blessés sur l'artillerie et les caissons, nous partîmes pour Baylen. Des Français, en assez grand nombre établis à Jaën depuis longues années, abandonnent tout pour nous suivre.

Il n'est aucun pays dans l'Europe, dans le monde même, où la France n'ait quelques-uns de ses enfants. C'est là, on peut le dire, un des plus puissants moyens de propager la civilisation dont notre pays est, en quelque sorte, le foyer. Les guerres de l'empire nous ont fait sillonner le vieux monde dans tous les sens, et partout nous avons trouvé des Français de nom, et, aussi et surtout, des Français de cœur! Là, leurs lumières, leur loyauté les ont rendus nécessaires; nulle part encore nous n'avions vu leur influence méconnue. Que de fois leur intervention n'avait-elle pas arrêté des conflits imminents! L'Espagne seule devait se montrer rétive à notre propagande... Quelques hommes seuls imposèrent tellement le respect, qu'ils furent non-seulement épargnés, mais protégés contre des ennemis fanatiques. Le plus grand nombre dut fuir d'atroces vengeances, et mainte fois la prudence et le droit des gens furent impuissants à les préserver de la rage des Espagnols. Le massacre de Valence est là pour témoigner des iniquités que je raconte.

Plus heureux dans leur infortune, les Français établis à Jaën avaient seulement été enfermés chez eux, lors de notre arrivée. Après la fuite de nos ennemis, nous nous étions empressés de les délivrer, et je dois avouer qu'ils nous avaient été d'un grand secours. Leur connaissance des lieux et des hommes nous fut infiniment utile pour vivre et pour éviter les embûches dressées sous nos pas; leur courage soutint le nôtre, et rendit la lutte moins inégale.

Lorsque nous en fûmes venus au point de ne pouvoir plus occuper Jaën sans nous exposer à une ruine complète, nos pauvres compatriotes abandonnèrent tout pour nous suivre, douces habitudes, fortunes laborieusement acquises. Mais notre troupe grossie était loin d'être aussi alerte que quelques jours auparavant. Ces infortunés, inaccoutumés aux fatigues, tombaient en chemin, accablés par les chaleurs excessives. La plupart de nos blessés ne supportaient pas mieux cette température corrosive et malsaine; et leurs cadavres, abandonnés çà et là sur la route, offraient une abondante pâture aux oiseaux de proie qui nous suivaient en croassant, et, par leurs cris lugubres, semblaient nous présager les malheurs près de s'appesantir sur nos têtes!

Nous reprîmes à Baylen la position que nous avions quittée pour entreprendre l'expédition de Jaën; et, le 19, sous les ordres du général Védel, nous rejoignîmes la première division à Andujar, où se trouvait alors Dupont, qui avait battu en retraite de Cordoue, en emportant des richesses qui devaient causer sa honte et notre malheur.

Cette masse de bagages que le général en chef traînaît à sa suite, fut funeste à plus d'un titre : et d'abord, en ce qu'il fallait employer à sa garde un grand nombre d'hommes qui devenaient par là inutiles à notre défense; et puis, ces richesses firent naître, entre Dupont et Védel, une haine qui, fortifiée encore par je ne sais quelles raisons secrètes, fut la véritable source de notre désastre....

Nous arrivâmes à Andujar vers deux heures de l'après-midi; puis, tournant à droite, nous trouvâmes

Dupont qui avait placé son camp dans ce passage inexpugnable, désigné sous le nom de col d'Andujar.

Les deux généraux eurent une entrevue, dans laquelle il paraîtrait que Védel aurait demandé avec aigreur une partie des richesses que Dupont traînait à sa suite, pour payer la solde de ses troupes, qui, depuis longtemps, n'avaient pas reçu une obole ; et que Dupont aurait répondu qu'il avait, en effet, des trésors, mais qu'il les gardait.

Quoi qu'il en soit, le général Dupont sentit qu'il lui était impossible de tenir bien longtemps, avec seize mille hommes, contre une masse d'insurgés de plus en plus formidable. Vivement pressé à Andujar même, par Castanos, tandis que Réding et Coupigny nous avaient repoussés de Mengibar et de Villanova ; n'espérant point, comme on l'a dit à tort, recevoir des secours de Junot, fort embarrassé lui-même en Portugal, ni de Savary, gouverneur de Madrid, où les événements se compliquaient, il forma le dessein d'effectuer sa retraite. En conséquence, il donna l'ordre à Védel de retourner à Baylen rejoindre Dufour, et d'essayer de s'y maintenir en repoussant les ennemis de l'autre côté du Guadalquivir, afin de conserver de libres communications avec Madrid. Nous nous rendons à Baylen ; mais, n'y trouvant point les ennemis, Védel néglige de pousser plus loin les reconnaissances, et, après nous avoir donné le temps de partager un pain pour huit hommes, il nous dirige à quatre lieues de là, sur Caroline, où Dufour se trouvait lui-même.

Le soir de notre sortie d'Andujar, Dupont se met lui-même en marche vers Baylen, où il comptait trouver les divisions Védel et Dufour. Notre général en chef avait formé et exécuté ce dessein si secrètement, que Castanos n'en eut connaissance que cinq heures après son départ.

C'était une occasion magnifique de surprendre Réding avec des forces imposantes, et de le placer entre deux feux : Dupont l'a compris, et si ses ordres ont été exécutés, c'en est fait de Réding !

Immédiatement, il envoie aux généraux Védel et Dufour l'ordre d'attaquer. Apprenant qu'ils sont à Caroline, il frémit de rage, et, les rappelant vivement, il range ses troupes en bataille, résolu, en ce moment, de vaincre ou mourir. Mais tout paraissait concourir pour le décourager. Réding, qui avait reçu lui-même de Castanos l'ordre de se transporter à Andujar, pour acculer Dupont entre deux armées, loin d'être surpris à l'improviste, était, au contraire, en mesure d'attaquer.

Cependant, l'ordre de retourner en arrière nous arrive à Caroline. Nous nous mettons aussitôt en marche ; mais, au lieu de nous rendre directement à Baylen, nous faisons une halte de deux heures dans le petit village de Guaraman, distant de deux lieues. Tel est l'ordre de Védel. Sur ces entrefaites, apercevant des troupeaux de chèvres que des Espagnols avaient à dessein dirigés de notre côté, nous courons à leur poursuite et les faisons cuire aux trois quarts pour assouvir notre faim.

Nous avions formé les faisceaux, et divers bruits circulaient parmi nous. Au loin, le canon grondait. Nous nous regardions avec stupeur. Nos camarades n'imploraient-ils pas notre secours ?...

Les officiers supérieurs allèrent enfin trouver Védel, et lui demandèrent s'il ne serait pas plus à propos de courir à Baylen que de rester si longtemps dans l'inaction. — Que Dupont défende ses trésors, aurait répondu Védel, sans tenir compte du salut de nos camarades. Enfin, l'honneur français en danger fait taire ses ressentiments : nous partons, et nous arrivons à Baylen entre quatre et cinq heures du soir, au moment où Dupont venait, après la lutte la plus acharnée, de demander et d'obtenir une suspension d'armes. Une heure plus tôt, et nous remportions certainement une victoire signalée, qui eût peut-être anéanti, ou du moins comprimé pour quelque temps, l'esprit de résistance qui se propageait de plus en plus.

Toutefois, à peine arrivés, on nous range en ordre de bataille; et je me souviendrai toujours de l'impétuosité avec laquelle nous courûmes à l'ennemi. Nous ressentions une joie indicible, assez semblable, j'imagine, à celle qu'on éprouve en retrouvant un ami longtemps absent. — Les bataillons qui nous sont opposés sont culbutés de toutes parts; quinze cents prisonniers sont le gage de notre victoire.

A ce moment, la situation de Réding n'était guère meilleure que celle de Dupont lui-même. Si ce dernier se trouvait entre Castanos et Réding, celui-ci était placé entre Védel, Dufour et Dupont. Il montrait cependant une audace croissante, et menaçait d'anéantir la division Barbou, si le général français, plongé dans l'inertie du découragement, ne lui faisait rendre immédiatement les prisonniers faits par

Védel, l'artillerie et les bagages tombés en notre pouvoir. Et Dupont, indifférent, en quelque sorte, à ce qui arrivera désormais, consent à abandonner, sans condition, ces quinze cents hommes qui vont aller grossir le nombre de nos ennemis, et qui eussent pu, placés dans la balance, nous faire avoir des conditions meilleures; et cela, avant même qu'il connût, en aucune façon, le résultat de la proposition qu'il avait faite à Réding, et dont Réding avait voulu déférer à Castanos.

Quoi qu'il en soit, la proposition faite par Dupont de regagner la Manche et de se rapprocher de Madrid avait été accueillie avec empressement par Castanos; mais rien n'était signé, lorsque des dépêches du duc de Rovigo furent interceptées par les Espagnols.

Savary ordonnait à Dupont de repasser la Sierra-Morena, et de se mettre, en toute hâte, en communication avec Madrid. Castanos refusa alors, et cela se conçoit, de signer les premières conventions, et fit répondre à Dupont qu'il ne pouvait espérer désormais que d'être traité comme prisonnier de guerre.

C'était le lendemain de la défaite de Réding par Védel. Ce dernier avait reçu l'ordre de rendre les prisonniers, et il avait obéi. Cependant, en apprenant les nouvelles conditions imposées par Castanos, il frémit d'indignation, et, sûr d'avoir nos sympathies, il envoie proposer à Dupont un mouvement simultané contre Réding. Mais Dupont refuse de s'associer à une aussi généreuse détermination. Ses troupes, dit-il, sont dans l'affaissement, et lui-même a perdu son ancienne vigueur...

Mais enfin, que fera le héros d'Albeck? Résolu à subir les conséquences d'une imprévoyance funeste et d'une conduite oblique, prendra-t-il des déterminations généreuses à l'égard des divisions victorieuses et libres de Védel et de Dufour?

Non, et en cela surtout il méritera les récriminations qu'on lui adresse de toutes parts. Ses indécisions, ses faiblesses, son obéissance passive aux vœux de l'ennemi, aboutiront à réunir dans une même destinée les vaincus et les vainqueurs!

Sur un ordre secret de Dupont, Védel battra en retraite ; puis, arrivé aux défilés de la Sierra-Morena, des courriers haletants lui transmettront des ordres contradictoires... Qu'il s'arrête d'abord : l'ennemi l'exige! et qu'enfin, il revienne partager le sort de la division Barbou que Réding menace d'exterminer chaque fois qu'il dénonce de nouvelles exigences.

Retourne, Védel! ta présence aura pour effet d'anéantir vingt mille hommes au lieu de sept mille... Dupont ne l'ordonne-t-il pas! La division Barbou en aura des conditions meilleures; et les Espagnols, qui méditent une infamie à laquelle participeront le général sir Hewdalrymple et lord Collingwood ne seront pas trop minutieux dans la rédaction du traité ; ils promettront volontiers le transport en France des soldats d'Andalousie, moins la division Barbou. Mais au fond leur parti est arrêté : vingt mille soldats, victimes d'une infâme duplicité, ne combattront plus, ne vaincront plus désormais !

Les articles de la capitulation furent dressés par Castanos et le comte de Tilly, représentants de la junte suprême de l'Espagne et des Indes (c'était le nom que prenait la junte de Séville), et en présence des commissaires français, les généraux Chavert et Marescot.

Le 1ᵉʳ article rendait hommage à l'éclatante bravoure qu'avait déployée le corps de Dupont, entouré par des forces infiniment supérieures : « ses soldats seront prisonniers de guerre; quant à la division

Védel et aux Français qui se trouvent en Andalousie, ils devront évacuer la Péninsule avec armes et bagages. »

Les troupes prisonnières sortiront du camp avec les honneurs de la guerre, chaque bataillon précédé par deux pièces d'artillerie, et les soldats armés de leurs fusils, jusqu'à quatre cents toises du camp, où la remise s'en effectuera.

Les troupes de Védel et les Français, soldats ou autres, du même ordre, c'est-à-dire étrangers à la division Barbou, seront transportés à Rochefort sur des vaisseaux espagnols; les officiers supérieurs ou autres, conserveront leurs armes ; les généraux auront droit à une voiture et à un fourgon qui ne seront point visités !...

Infamie ! voilà donc le motif de vos plus vives préoccupations ! Mais vos soldats ont aussi leur prix ! Qu'en ferez-vous, et ne stipulerez-vous rien pour eux ?...

Lorsque les Romains apprenaient la défaite de leurs légions, ils confondaient dans un même anathème le général et les soldats ! Tous ils n'étaient plus dignes, aux yeux de ces juges austères, du titre de citoyens : ils restaient dans les fers à tout jamais... Un jour, ce sénat superbe et majestueux, que les ambassadeurs étrangers prenaient pour une assemblée de rois, se départit de cette loi draconienne ; le général malheureux est entouré de la considération publique, et la mérite à tel point, qu'on veut faire, pour le sauver, toutes les concessions. Il refuse, parce que son salut entraînerait celui de soldats dont il méprise la valeur ; mais il retournera partager leur sort : que dis-je ? une destinée mille fois plus atroce lui est réservée ; il le sait, et ne cherche point à s'y soustraire ! Placé, à son retour, dans un tonneau dont l'intérieur est tapissé de pointes acérées, il est précipité du haut en bas d'une montagne rapide et trouve la mort dans un supplice que l'imagination elle-même n'envisage qu'en frémissant !

Que la conduite de ce héros est une condamnation terrible de la tienne, ô Dupont ! toi qui, après une défaite plus méritée, pus terminer heureusement une carrière à jamais flétrie, et qui, par dérision sans doute, t'amusas, dans un long poëme, à retracer les lois de la guerre que tu avais si fatalement méconnues !

J'emprunterai en terminant, à l'historien anglais

de la guerre de la Péninsule, quelques détails dont je voudrais pouvoir attester l'exactitude.

« Les soldats français, dit-il, ne manquèrent pas d'attribuer leur défaite à la trahison, à la mésintelligence de leurs généraux, et surtout à la faute que Dupont avait commise en faisant des attaques partielles, au lieu de faire donner tout son corps à la fois. Tout ce qu'on peut dire de plus certain, c'est que divers ordres interceptés par les Espagnols empêchèrent la jonction de certains corps; et dès lors il est facile de répondre aux autres inculpations. Il est également facile, ajoute-t-il, d'expliquer pourquoi la capitulation ne fut pas observée; il était impossible de l'exécuter : le peuple était tout, et il ne considérait pas les Français comme des ennemis envers qui l'on dût observer les lois de la guerre. »

Le même auteur raconte que la junte avait eu d'abord certains scrupules, fortifiés encore par la ferme opposition de Castanos qui soutenait qu'un manque de parole serait une honte ineffaçable pour l'Espagne; mais bientôt la volonté du peuple obtint une facile obéissance. La junte aurait alors voulu avoir l'assentiment de lord Collingwood; fi donc ! un Anglais prit-il jamais part à une félonie ! Collingwood témoigne d'abord son mécontentement en termes fort vifs des avantages accordés aux Français; ensuite il affirme hautement que les termes de tout traité doivent être exécutés : seulement, ajoute-t-il, la difficulté d'exécuter celui-ci l'annulle de fait!

Quelle grandeur d'âme! ne manquez pas à la foi jurée, grand Dieu! néanmoins, comme il est très-avantageux d'y manquer et très-difficile de n'y pas manquer, manquez-y!! quelle dérision!...

Quoi qu'il en soit, la junte ne prit aucune mesure pour exécuter le traité. Dupont écrivit à Morla pour se plaindre : Morla répondit que Dupont connaissait d'avance où aboutirait cette comédie qui devait avoir pour unique effet de voiler un peu sa honte...

La capitulation fut donc violée! mais nous ignorâmes longtemps le mot de cette énigme : et ce fut un bien ; car l'espérance de revoir la patrie soutint notre âme, et nous permit d'endurer aussi longtemps les traitements inouïs que les Espagnols firent subir à des Français au dix-neuvième siècle, sans que l'humanité ait gémi et protesté contre ce monstrueux anachronisme, qui replaçait sous les yeux de la civilisation moderne le fantôme sanglant du moyen âge !

## UN MOT DE L'AUTEUR.

Avant d'entrer plus avant dans les détails horribles de la captivité des prisonniers de la guerre d'Espagne, détails que je raconterai avec la minutieuse exactitude du copiste, qu'il me soit permis d'envisager les faits d'un point de vue plus élevé, moins personnel.

Mon vieil ami, emporté par le souvenir trop présent de ses douleurs, sera peut-être parfois injuste envers nos ennemis; pourtant j'ose croire que les sentiments généreux qui ont été la règle invariable de sa conduite, le feraient facilement absoudre de quelque partialité en cette occurrence? Hélas! comment être impartial dans un pareil récit? Victime pendant six ans de la longue et cruelle vengeance des Espagnols, il eût pu leur pardonner ses souffrances, puisqu'il avait retrouvé la liberté ; mais combien de ses malheureux camarades sont tombés sur l'affreux rocher de Cabréra, regrettant leur patrie, leurs familles et la liberté à jamais perdues pour eux ! Combien sont morts en maudissant cette froide barbarie, qui, non contente de les retenir dans l'exil, s'appliquait encore à leur rendre la vie mille fois pire que la mort !

Ah ! certes, personne plus que moi ne respecte les droits qu'a chaque peuple de défendre sa nationalité ! personne plus que moi n'admire les héroïques défenseurs de Saragosse, et ces infatigables *guérillas* qui ont dévoué leur vie au salut de leur patrie, seul fanatisme qui soit toujours respectable ! Si je regrette quelque chose pour l'honneur de la France, c'est qu'en 1815, elle n'ait pas reçu les armées étrangères comme nous avait reçus l'Espagne. Mon ami lui-même m'a exprimé maintes fois la même idée : Que de fois j'ai pleuré de honte, m'a-t-il souvent répété, en pensant que nous Français, qui avions parcouru l'Europe en vainqueurs, qui avions fait courber la tête à tous les rois, nous nous résignions à supporter un maître imposé par les baïonnettes étrangères !

Ce cri du cœur reconnaît de la manière la plus complète que les Espagnols étaient dans leur droit : ils devaient se défendre, et ils l'ont fait vaillamment. L'on devait admirer leur courage et plaindre leur malheur.

Certes, Napoléon fut poussé à cette guerre par la force irrésistible des événements. Le gouvernement de l'Espagne lui sembla le seul obstacle qui lui restât à vaincre dans sa marche civilisatrice. Alors même, et plus tard quand le destin se fut appesanti sur sa tête, il exprima quels nobles projets devaient justifier cette entreprise ; et s'ils ne suffisent pas à l'absoudre, du moins montrent-ils qu'une mesquine ambition n'y entrait pour rien.

Quoi qu'il en soit, les Espagnols ne nous ayant pas attaqués, cette guerre était un attentat contre la nationalité espagnole. Nous avions bien pu combattre l'Autriche, la Prusse ; ce n'était que représailles : elles nous avaient attaqués, elles avaient voulu briser la république, envahir nos frontières. Notre vengeance avait été juste, et bien saintes sont restées ces grandes victoires remportées en défendant notre patrie !

L'Espagne ne nous avait point attaqués. Notre propagande armée la trouva disposée à la lutte la plus acharnée. Encore une fois, c'était son droit, son devoir de se défendre, mais la cruauté est moins permise encore à un peuple qu'à un homme.

Les Espagnols devaient nous combattre, s'emparer de nous s'ils le pouvaient, nous priver loyalement de nos armes, de notre liberté même, puisque nous l'avions pu tourner contre eux ; mais ils se sont déshonorés par leur féroce vengeance. Cette guerre eût été leur plus beau titre de gloire si leur cruauté n'en eût terni l'éclat.

# PRISONNIERS DE GUERRE.

# CANTONNEMENTS.

Ce fut à Baylen que nous déposâmes nos armes, avec un déchirement de cœur que je ne puis exprimer. Pour comprendre quelle poignante douleur nous dûmes ressentir, il faut être vraiment Français et se trouver en pareil cas... Quoi qu'il en soit, après avoir accompli ce douloureux sacrifice, l'escorte espagnole qui devait nous conduire s'empara de nous et nous fit avancer au milieu d'elle, jusqu'à Moron.

Il est incroyable combien, pendant cette première marche, nous eûmes à souffrir de la part d'une populace effrénée qui se ruait sur notre passage. Les femmes, les enfants eux-mêmes nous crachaient au visage et proféraient des cris de mort. Chaque figure, jeune ou vieille, respirait la haine et la vengeance... Notre escorte pouvait à peine contenir cette effrayante exaspération.

Nous arrivâmes à Moron sans avoir à déplorer d'accident plus grave. Campés sous les oliviers à l'entrée de la ville, on nous distribuait, chaque jour, une ration de pain et trois réaux. Les habitants nous laissèrent en paix, et c'était le plus agréable service qu'ils pussent nous rendre pendant les six semaines que nous restâmes à Moron. Cette station nous eût donc paru heureuse si les miliciens ne se fussent acharnés après nous. En passant près de notre camp ils nous ajustaient et tiraient sur nous comme sur des bêtes fauves : nous dûmes, sans doute, à notre mauvaise fortune, qui nous réservait tant de misère, de n'avoir à déplorer aucun malheur de ce féroce amusement.

C'était dans cet état que nous attendions, avec une anxiété facile à comprendre, le moment de partir pour le lieu de notre embarcation. Car alors nous avions encore l'espérance de revoir bientôt notre chère France; nous avions encore foi dans le traité. Des bruits qui circulèrent alors nous plongèrent dans une étrange stupeur. L'archevêque de Tolède est arrivé à Moron; il a présidé le conseil où notre sort doit être décidé... nous avons été déclarés prisonniers de guerre!... L'avenir est venu nous montrer la réalité d'un sacrilége dont, malgré notre haine pour les Espagnols, nous aurions rougi de les croire capables... Quelques jours plus tard, on nous transférait dans divers cantonnements où nous eûmes à essuyer les traitements les plus barbares de la part des habitants. Voici la scène qu'ils provoquaient : Ils se réunissaient d'abord en assez petit nombre autour de nous pour nous accabler de toutes sortes d'outrages. S'ils voyaient que, nous tenant sur nos gardes, nous n'avions que du dédain pour ces injures personnelles, ils changeaient de tactique, et, nous plaignant ironiquement sur notre infortune, ils injuriaient l'Empereur! Vous savez quelle était notre susceptibilité sur ce point. Nous opérions un mouvement terrible et la lutte s'engageait... mais nous étions sans armes contre leurs poignards, et leur petit nombre grossissait à vue d'œil... Le reste se devine... Dans quelques villages les prisonniers furent égorgés; et si dans deux circonstances, nous n'éprouvâmes pas le même destin, nous ne dûmes notre salut qu'à l'intervention merveilleuse de deux personnes dont je voudrais pouvoir citer les noms à l'estime de la postérité : l'une était un prêtre, l'autre un maréchal-des-logis-chef des dragons de la reine. Voici les faits :

Nous fûmes désignés, deux compagnies et quelques dragons du 27ᵉ, pour Enguilard, petite ville à une journée de Moron. A notre arrivée, l'on nous conduisit dans un vieux fort presque entièrement tombé en ruines; il ne pouvait offrir nulle résistance à l'agression. Les paysans formaient, à l'entrée, une double haie au centre de laquelle nous étions obligés de passer, et ceux qui parmi nous avaient quelque intelligence de la langue espagnole tressaillaient frappés de ces paroles sinistres : Entre, Français, entre ; mais tu n'en sortiras pas! Effectivement, nous étions à peine entrés dans l'intérieur du fort, qu'ils nous eutourèrent avec des cris menaçants et des regards lugubres; heureusement que le corrégidor entra en ce moment et les fit sortir. Ensuite il nous désigna pour logement une espèce d'antre, d'où, il est vrai, nous pouvions sortir librement. Nous profitâmes de cette liberté pour aller chercher à la ville les choses dont nous avions besoin ; allant toujours plusieurs ensemble, par prudence, et restant dehors le moins de temps possible. C'est alors que nous fîmes connaissance de ce bon prêtre qui devait bientôt nous sauver la vie.

Je ferai observer, en passant, que bien différent de ses confrères en Jésus-Christ, dignes apôtres de l'Inquisition, il avait l'esprit de charité évangélique, comme il le prouva par sa noble conduite.

Ce digne prêtre par un heureux hasard, parlait fort bien le français. C'était un compatriote, peut-être ; qui sait ?... son caractère et sa conduite me font embrasser avec bonheur une opinion que j'ai eu la discrétion de ne point éclaircir, et qui ne m'en rendrait que plus cher un homme dont la bonté sut alléger nos misères, et dont le souvenir plein de douceur m'accompagnera jusqu'au tombeau !

Chaque jour il venait nous voir, et sa présence nous apportait en quelque sorte l'oubli de nos maux, tant sa physionomie nous inspirait de confiance, tant ses discours nous consolaient !

Il y avait alors parmi nous un dragon maréchal ferrant, qui travaillait en ville et de son gain régalait son camarade de lit. C'étaient deux Flamands qui, l'un et l'autre, buvaient plus qu'il n'est permis de boire, même à des Flamands ; souvent ils noyaient leur raison et s'exposaient, sans s'en rendre compte, à nous compromettre gravement. C'est ce qui arriva, en effet :

Un jour qu'ils revenaient au fort ivres tous deux, ils s'attaquèrent à une femme qui par ses cris eut bientôt rassemblé une multitude de paysans aisément irascibles. Apprenant ce qui vient de se passer, ils courent aux armes et se disposent à monter au fort pour venger par le massacre de tous les prisonniers la brutalité d'un homme ivre !

Cependant le dragon et son compagnon, étant parvenus à se soustraire à la vengeance immédiate des Espagnols, regagnèrent le fort en toute hâte et jetèrent la consternation parmi nous, en nous apprenant le sort qu'on nous réservait.

Nous n'avions pas peur de mourir, croyez-moi ; mais un sentiment étrange et qu'on ne peut comprendre sans l'avoir éprouvé commençait à envahir nos cœurs ; nous étions sans armes, et même en mourant, nous ne pouvions montrer à nos bourreaux qu'une haine impuissante. Il fallait nous défendre néanmoins : une porte, à moitié pourrie, que nous brisâmes, fournit à nos armes défensives.

Pendant ces préparatifs, notre bon ange, un moment oublié, veillait sur nous et travaillait à conjurer la tempête. Le prêtre qui nous aimait n'avait pas plutôt appris ce qui s'était passé que, sans perdre une minute, il s'était transporté au milieu de la place où l'on s'assemblait en armes. Alors il parvint à calmer la fureur des paysans au moyen de cette éloquence persuasive que possèdent les cœurs élevés et généreux... Ce ne fut que pour un moment... bientôt les vociférations recommencèrent, et des cris de mort plus terribles se firent entendre de nouveau...

Les instances du bon prêtre sont vaines... c'est en vain qu'il s'adresse à leurs cœurs, ce qui a paru lui réussir tout à l'heure ; vainement encore parle-t-il au nom de Dieu ! nom si magique pourtant dans la bouche d'un prêtre en Espagne qu'il n'est aucune limite en bien ou en mal qu'il ne puisse faire atteindre en le prononçant : vains efforts !

C'est alors qu'il eût fallu voir cet homme sublime, accourant, l'œil étincelant d'un éclat divin, nous apprendre le résultat de ses démarches et nous montrant, au delà du martyre qu'on nous apprête et qu'il veut partager, la récompense qui nous attend !

Nos yeux séchés s'humectèrent de reconnaissance en entendant parler un ami si dévoué ; et, purifiés pour ainsi dire au contact d'une telle grandeur d'âme, notre cœur oubliait la vengeance et nous nous disposions à mourir sans haine, lorsqu'une chose étrange attira notre attention par sa singularité même en ce moment suprême. Un vieux gardien espagnol armé d'une pique, qui paraissait nous voir avec bonté depuis quelques jours, brandit tout à coup son arme et jure de nous défendre jusqu'à la mort, si ses compatriotes n'abandonnent pas leur horrible dessein ; et pour nous convaincre de sa bonne foi, il se couche en travers de la porte pour mourir le premier.

Cet incident bizarre avait distrait nos regards de la vallée où se trouvait la ville. Une sourde rumeur, à chaque instant croissante, vint bientôt chasser de nos cœurs toute autre préoccupation :

C'était la mort qui s'avançait ! L'approche de l'ennemi nous rendit toute notre assurance et fit évanouir la pensée de mourir sans combattre : nous allions défendre notre vie avec acharnement !... encore quelques instants... et c'en était fait sans doute ! La foule ameutée était devant nous !...

Tout à coup, le prêtre se précipite à sa rencontre et redressant sa belle taille grandie encore par l'inspiration : Un prêtre, le premier, s'écria-t-il, bourreaux, tuez un prêtre !

Ces paroles prononcées d'un accent terrible donnèrent le frisson aux paysans espagnols généralement fanatiques… : ils eurent peur de Dieu… ! nous fûmes sauvés !

Avec quelle joie notre sauveur vint nous apporter cette heureuse nouvelle ! Il nous embrassait les uns après les autres comme si nous eussions été ses frères ; mais ne l'étions-nous pas en effet par le cœur !

Impossible de vous dire quels accents prit notre reconnaissance ; il est un langage qu'on ne peut traduire.

Quelques jours s'étaient écoulés depuis les scènes que je viens de raconter, lorsque notre Providence, c'est ainsi que nous aimions à désigner le bon prêtre, vint nous prier d'aller à la messe le dimanche suivant, ayant, par extraordinaire, en tête, les tambours auxquels on avait laissé leurs caisses. Ce n'était pas à cet homme généreux que nous eussions refusé quelque chose. En entrant dans l'église, les tambours battent aux champs comme c'est l'usage en conservant leurs shakos sur leurs têtes. Il n'en fallut pas davantage pour exciter les murmures d'une population encore irritée. Nous ne fîmes, du reste, aucune attention à l'orage qui commençait à s'amonceler sur nos têtes, et les tambours restèrent couverts pendant toute la messe. Les choses se seraient passées avec assez de calme, et déjà nous nous disposions à regagner le fort, lorsqu'un prêtre, la figure animée des plus violentes passions, monte en chaire et commence en espagnol un discours plein de véhémence. La plupart d'entre nous n'entendaient pas l'espagnol, de sorte que nous ne comprenions, en général, ce qui se passait, que par la férocité des regards que le peuple lançait sur nous. Ceux qui comprenaient quelque chose étaient plus terrifiés encore, tant il y avait de haine et de provocation dans le discours du prédicateur !

Enfin, cette fois, je crus que c'en était fait de nous : le discours paraissait à sa dernière période ; nous étions, disait-il, des fils de l'enfer, et nous tuer c'était gagner le Ciel ! L'exaspération paraissait montée à son dernier degré.....

Du geste, le prêtre nous désignait....! lorsque tout à coup, l'espérance vint renaître en nos cœurs ;

car, debout derrière le prédicateur, à laphysionomie duquel la colère donnait une expression infernale, apparaissait notre Providence! Sa figure calme et douce se dessinant à côté de l'autre, formait une opposition singulièrement frappante et telle qu'un artiste doit imaginer l'ange gardien à côté de l'esprit de ténèbres!

Cependant, le premier, tout entier à sa mission barbare, n'avait pas remarqué la présence de notre protecteur. Lorsqu'il eut fini, il fit le signe de la Rédemption comme pour bénir les violences qu'il avait excitées ; puis, il se disposa à descendre. On voyait sur sa figure l'expression de joie d'une haine qui va être satisfaite. Il se croyait sûr d'avoir prononcé notre arrêt de mort, et dans le fond de son cœur peut-être rendait-il grâces au Dieu de bonté et de miséricorde de l'avoir choisi pour être l'instrument de notre supplice, et d'avoir donné à ses paroles la triste puissance de faire massacrer plusieurs centaines d'hommes. Mais, en se retournant, il aperçut celui qui allait prendre sa place... Je ne sais quelle émotion il éprouva à cette vue, mais son visage changea tout à coup. Ses traits animés d'une joie féroce se contractèrent, et un de mes amis crut l'avoir vu, un moment indécis, attacher un regard plein d'une haine implacable sur son confrère, et s'en aller... Je ne puis affirmer ce fait; peut-être, le prêtre était-il de bonne foi dans son aveugle colère; et après avoir accompli ce qu'il croyait son devoir contre l'étranger, peut-être, je le répète, laissait-il sans regret à un autre un rôle différent à remplir ?...

Quoi qu'il en soit, notre attention ne tarda pas à avoir pour objet un homme entouré de nos plus vives sympathies. Le bon prêtre avait, d'un geste impérieux, réclamé l'attention; puis, avec cette éloquence douce et pénétrante qui vient du cœur et qu'il possédait à un si haut degré, il était parvenu à rendre ses auditeurs à des sentiments plus humains. Nous lûmes d'abord sur leurs physionomies la lutte qui s'opérait en eux et que trahissait leur indécision. Enfin, lorsque le digne prêtre leur disait en finissant, qu'ils devaient nous considérer comme des enfants sans défense, sur lesquels on ne peut porter la main sans lâcheté; que, du reste, s'ils passaient outre, il leur prédisait les effets de la vengeance de Dieu, protecteur des faibles et des innocents; nous sentîmes que cette fois encore nous n'avions plus rien à craindre.

Ces hommes féroces qui, l'instant d'avant, se promettaient de nous immoler pour la plus grande gloire de Dieu, détournaient maintenant leurs yeux et s'en allaient silencieux et baissant la tête pour éviter la tentation !...

Nous pûmes alors sortir de l'église et regagner le fort sans accident.

Six semaines environ s'étaient écoulées depuis notre arrivée à Enguilard, lorsque nous reçûmes la visite du gouverneur qui fit enlever les gibernes et les tambours. Quant aux sabres, laissés d'abord aux sous-officiers, ils leur avaient été enlevés en arrivant.

Le lendemain de cette visite, nous en ressentîmes les effets : nous dûmes quitter le fort où quelques pensées de résistance nous étaient venues sans trop de folie encore, puisque du lieu élevé où nous étions placés nous dominions nos ennemis. On nous transféra dans la carcasse démantelée de je ne sais quel édifice, où nous nous trouvâmes exposés à toutes les intempéries de l'air qui n'était pas notre plus redoutable ennemi.

Notre nouvelle caserne, si je puis lui donner ce nom, était située vers une des extrémités de la ville, au pied d'une montagne qui la dominait. La cour assez vaste où nous nous tenions le plus souvent et dans laquelle nous préparions nos aliments, se trouvait immédiatement au pied du versant le plus rapide. Bientôt les enfants n'eurent pas de plus grand plaisir que d'escalader la montagne pour nous lancer des pierres. Ils nous livrèrent ainsi, chaque jour, des assauts plus fatigants que dangereux, quoique leur position leur permît de lancer des pierres énormes que nous n'évitions pas toujours. Les alguazils, je dois le reconnaître, les châtiaient sévèrement, quand ils pouvaient mettre la main dessus.

Comme nous étions libres de sortir, nous nous hasardâmes un jour à aller à la campagne. Arrivés à quelque distance de la ville, nous nous trouvâmes au bord d'un ruisseau dont les eaux limpides couraient au milieu des roseaux. Cet aspect nous rendit le souvenir du village natal et de la chaumière paternelle. Nous fûmes d'abord péniblement affectés en reportant nos regards sur nous-mêmes; mais incontinent, l'idée nous vint de nourrir notre douleur, ce qui n'est pas sans charme, en nous occupant de choses propres à retenir en nos cœurs les souvenirs que ce paysage nous rappelait. En conséquence, nous nous mîmes à l'œuvre sans retard : chacun de nous prit un faix de ces roseaux destinés à la construction de petites cabanes.

Bientôt, les habitants de la ville venaient admirer, malgré qu'ils en eussent, un village qui s'élevait dans la cour de notre bâtiment, et dont les gracieuses constructions étaient d'autant plus originales que chacun avait suivi sa fantaisie, ou obéi à quelque doux souvenir.

Cette occupation eut l'immense avantage de dissiper l'ennui qui commençait à nous ronger; et bientôt nous éprouvâmes la félicité suprême de voir renaître nos illusions déjà détruites!

Ce n'est pas la dernière fois que le travail de nos mains sera nécessaire pour nous créer un abri ; mais jamais nous ne retrouverons la joie naïve que nous goûtâmes pendant quelques jours à l'abri de nos champêtres maisonnettes!

Nous ne savions encore rien des vicissitudes dont notre existence fut abreuvée plus tard, et cette époque fugitive que je vous retrace, compte presque parmi mes jours heureux.

Du reste, nous ne tardâmes pas à éprouver jusqu'à quel point de méchanceté l'animosité espagnole pouvait se porter. Il est bon de vous dire que le terrain que nous occupions ne comprenait qu'une partie du sol enclavé dans l'enceinte où l'on nous avait relégués; la boucherie de la ville occupait le reste. Un jour, nous vîmes un boucher qui, ayant attaché un bœuf par les cornes, le harcelait impitoyablement. L'animal rugissait et faisait des efforts prodigieux pour s'échapper ou se défendre. Quand le boucher trouva sa furie assez excitée, il mit le bœuf en liberté et nos cabanes furent détruites en un clin d'œil! quant à nous, nous dûmes nous cacher ou fuir, bien heureux de n'être point blessés. Ce jeu cruel avait excité notre colère; mais il nous fallait dévorer nos ressentiments...

La grande cour où se passaient ces choses avait encore une autre destination, c'était le lieu où les habitants venaient s'exercer le dimanche, à des jeux de force, le plus souvent. Il s'agissait ordinairement de saisir et de lancer le plus loin possible un levier de fer ou une grosse pierre; celui qui dépassait ses rivaux, gagnait la partie.

Un jour, après une partie de ce genre, ils en concertèrent une autre moins inoffensive; vous allez en juger.

Ils formèrent à l'entrée de notre prison deux haies serrées, et lorsqu'un de nous passait, ils jouaient au volant!... Malheur aux victimes!... car ce jeu les assommait!... et eux de rire, et de rire d'autant plus qu'ils faisaient plus de mal.

C'était la comédie; vint le drame...

Un de nos camarades, malade depuis quelque temps, eut besoin de sortir; nul autre passage n'était possible; car ils s'étaient distribués de telle sorte qu'aucun de nous ne pouvait leur échapper. Le pauvre malade avait à peine fait deux pas, qu'ils s'en emparèrent et se le lancèrent les uns aux autres, comme ils avaient fait avec d'autres prisonniers; mais ce dernier, affaibli par la maladie, n'avait pas la force de supporter un pareil traitement : aussi ne vit-on bientôt plus qu'une masse inerte qu'on bousculait, qui tombait à terre, qu'on relevait et qu'on bousculait encore!...

Nous avions beau leur crier : Mais il est malade! vous allez le faire mourir!... Ils le voyaient bien, et cela ne les retenait point!... Résolus de faire cesser une pareille férocité, nous fîmes venir un sous-officier pour aviser, au plus vite, à quel parti recourir.

Si je ne me trompe, c'était un Gascon plein de bravoure et d'emportement; de sorte, qu'après une sommation qui n'obtint aucun résultat, il allait nous ordonner de nous ruer sans armes, sur ces hommes féroces dont les couteaux étincelaient déjà de tous côtés; et résolus unanimement de conquérir là une mort préférable à nos misères, nous allions sans doute être égorgés jusqu'au dernier, lorsqu'une intervention sur laquelle nous étions loin de compter, vint encore terminer d'une manière pacifique une collision qui s'annonçait si menaçante.

A quelques pas de notre prison demeurait un maréchal-des-logis-chef des dragons de la reine, un Espagnol!... Enfin, il paraît qu'il y a d'honnêtes gens partout! Cet homme, qui jouissait à bon droit, de la plus grande considération, entendant du bruit, accourut sur le lieu de la scène, où sa présence suffit pour imposer à nos agresseurs, qui peu à peu se dissipèrent. S'informant alors de ce qui s'était passé, il fit interdire aux habitants la cour où ils venaient jouer, s'intéressa à notre sort et nous rendit une foule de petits services : «Que Dieu ait béni son destin!» J'ajouterai que les alguazils s'étant montrés plus diligents encore à surveiller nos petits agresseurs de la montagne, nous goûtâmes quelque sécurité pour la première fois.

Telle était notre situation, lorsque survint un ordre de changer de cantonnement. Nous fûmes transférés dans une petite ville dont le nom m'échappe, Villa-del-Riat, je crois, où toute liberté nous fut ravie. L'on nous logea dans de petites maisons qui bordaient une rivière. Entre les maisons et la rivière, existait une cour étroite où nous pouvions aller prendre l'air. A côté de nous, il y avait un poste occupé par la milice citoyenne, qui avait le double emploi de nous surveiller et de nous défendre.

Comme nous recevions de l'argent, nous allions par corvée chercher nos vivres au marché tous les matins. Un gardien nous accompagnait constamment; mais, malgré sa présence, nous n'étions pas sans inquiétude sur les effets de la haine que les Espagnols portaient partout aux prisonniers, qu'ils appelaient ces chiens de Français!... Au bout d'une heure, temps fixé pour faire nos emplettes, nous retournions à notre prison, d'où personne ne sortait plus jusqu'au lendemain.

Pour nous distraire, nous passions le temps à des

jeux de toute sorte, non intéressés, bien entendu ; parfois même nous jouïons la comédie.

Un temps viendra où nos infortunes auront tellement grandi, que nous n'aurons plus rien de pis à redouter... Eh bien, notre esprit n'essayera plus d'inventer ces distractions qui nous égayaient dans nos cantonnements. C'est qu'alors l'espérance qui donne le courage aura fui de nos cœurs en ne nous laissant que l'apathie, ce sommeil de l'âme, qui est l'unique et suprême consolation de ceux qui n'ont plus rien à attendre, et qui en brisant toutes les forces de l'homme, l'empêche du moins de ressentir aussi vivement ses maux.

Un jour, nous nous étions réunis par cercles de huit, et assis sur la paille hachée qui nous servait de couche, nous jouïons au curé ; lorsqu'un bruit singulier qu'on entendait au dehors, nous fit tout à coup tressaillir. Un camarade descend et voit la garde sous les armes : c'était évidemment une attaque dirigée contre nous. Il remonte et nous avertit de nous mettre en état de défense : nous n'eûmes garde de perdre un moment.

Les armes nous manquaient absolument ; aussi, je me rappelle quel pittoresque et barbare arsenal fournit à notre équipement. Pour mon compte, j'avais une planche assez lourde au bout de laquelle s'allongeait transversalement un clou long et acéré... Cette arme pouvait être meurtrière.

Le bruit continuant toujours, nous commençâmes à ne plus redouter autant les résultats de cette attaque. En effet, puisque la garde pouvait tenir les assaillants en échec, ils n'étaient pas aussi formidables que nous l'avions imaginé.

Notre premier mouvement avait été de chercher des armes autour de nous et d'en trouver quand même... Pas la moindre frayeur de la lutte qui allait s'engager, je puis le dire. Un ennemi et un champ de bataille ! Figurez-vous une fête et vos habits du dimanche; qu'il survienne de la pluie, vous dites : c'est fâcheux, et vous passez outre. Eh bien, pour nous, le manque d'armes et d'espace nous inspirait la même exclamation... En effet, les Espagnols étaient là, à deux pas, et nous ne pouvions les aller trouver pour prendre une revanche de Manzanarès et de tant d'autres endroits maudits... C'était à se briser la tête aux murailles !

Mais, lorsque vingt minutes se furent écoulées sans rien changer à notre situation, nous vîmes avec plus d'égoïsme la fin imminente du combat. Le premier moment, dans ces circonstances, ne laisse place qu'à l'abnégation de soi et au sacrifice volontaire de son existence; plus tard, il n'en est plus ainsi. Bientôt, la réflexion nous rendit plus circonspects; ne pouvant courir à l'ennemi sans folie, nous nous rattachions à la vie à mesure que la mort nous paraissait moins prochaine.

Nous reconnûmes bientôt, il est vrai, que plus la lutte se prolongeait, plus nos chances diminuaient; car la garde, contrairement à nos agresseurs, dimimuait au lieu de s'accroître; d'un autre côté, nous utilisâmes avec soin toutes les ressources qui nous restaient.

Nous prîmes nos dispositions de la manière suivante :

Nous étions, je crois l'avoir dit, huit hommes par chambrée. Or, comme on ne pouvait pénétrer dans l'intérieur que par un escalier très-étroit, qui ne donnait passage qu'à un seul homme à la fois, et par une fenêtre qui était à peine assez large pour laisser pénétrer quelques rayons de lumière, nous divisâmes nos forces. Deux hommes furent placés devant la porte, deux devant la fenêtre, et, la plupart armés de cette espèce de massue dont j'ai tracé l'esquisse, nous attendions... les quatre autres se tenaient prêts à toute éventualité... Depuis quelque temps, du reste, le tumulte diminue, le silence se rétablit. Que se passe-t-il? Un des nôtres se hasarde à la découverte, la garde était restée maîtresse du champ de bataille, après une vigoureuse résistance contre une bande de paysans qui voulaient nous égorger.

Huit jours plus tard, nous avions une seconde alerte; mais, cette fois, c'étaient les miliciens qui, en passant par la ville, voulaient nous donner de leurs nouvelles. Grâce à la bonne tenue de nos gardes, nous n'eûmes à essuyer que quelques coups de feu qu'ils tirèrent aux fenêtres en s'en allant.

Le lendemain, le corrégidor vint nous voir : le digne homme! après nous avoir fait descendre dans la cour, il réclama toute notre attention. C'était pour nous dire de nous tenir cois; qu'il ne pouvait répondre de nous, tant les Espagnols étaient irrités, etc... Après cette touchante allocution, il nous fit fouiller, et ceux qui, jusque-là, avaient pu soustraire un couteau aux perquisitions des Espagnols, s'en virent dépouillés sans retour.

Cette visite nous laissa dans le découragement le

plus complet. Jusque-là, malgré leurs traitements iniques, les Espagnols avaient conservé dans leurs rapports avec nous quelque réserve ; nous espérions encore je ne sais quel heureux dénoûment à cette situation énigmatique ; maintenant, il n'était plus possible de douter de notre malheur. En ce moment et pendant les jours qui suivirent, nous nous attendions à voir arriver quelques bandes d'assassins pour mettre fin à nos maux.

Huit jours s'écoulèrent, pendant lesquels nous fûmes torturés par cette espèce de lugubre cauchemar. Au bout de ce temps, on nous fit partir pour les pontons de Cadix. Nous avions pour escorte un détachement de soldats espagnols qui répondait de nous.

Ce n'est certes pas une douce perspective que celle d'habiter des pontons ; eh bien ! quoique malade depuis quelques jours, j'éprouvai une assez grande satisfaction pour être en état de me mettre en route.

Nous allions abandonner ces repaires de brigands pour les pontons. C'était, sans contredit, une triste variété de misères ! Mais nous allions voir la mer ! Un horizon plus vaste allait s'offrir à nos regards !

Il nous semblait que l'air serait plus léger, plus *doux* à respirer ; ou plutôt, c'était du nouveau ! c'était un changement d'état ; et ceux qui souffrent aiment à changer ; car, à vrai dire, nous ne savions pas ce que c'était que les pontons !... Nous le saurons trop tôt.

Le jour de notre départ fut un jour triste et de mauvais augure. L'air était d'abord terne et sombre. Au bout de quelque temps, une pluie fine et pénétrante commença à tomber et ne nous quitta point de toute la journée. Jugez dans quel état nous devions être en arrivant, mouillés jusqu'aux os et couverts de boue ; les plus vigoureux n'en pouvaient plus, et moi, malade, je tombais d'accablement.

A notre arrivée, on nous logea dans un rez-de-chaussée humide et nu, sans un brin de paille où reposer nos membres endoloris !... Cependant, il ne faut pas trop les accuser ; ils pouvaient nous faire pis : ils nous donnèrent du bois et nous pûmes nous sécher.

Notre étape du lendemain était de deux lieues seulement : c'était, pour la plupart, bien assez long. Mais au moment de partir, le chef du détachement nous demanda si nous voulions faire deux étapes ce jour-là. Nous y consentîmes avec empressement lorsqu'il nous eut fait connaître le motif qui avait dicté sa proposition.

La petite ville où nous devions coucher, nommée la Cabessa, avait été quelques jours auparavant le théâtre d'un acte de fanatique férocité.

Un détachement de prisonniers qui étaient comme nous dirigés vers Cadix avait fait halte à la Cabessa.

Ils trouvent en arrivant une population sympathique. Sans doute ils ont rêvé qu'ils avaient quitté la France depuis longtemps; car en ce moment, c'est bien l'accueil cordial de la terre natale qu'ils reçoivent. Chacun leur fait fête... certes, ils ne sont pas en Espagne... Mais je me trompe encore : ce sont bien des signora, ces femmes gracieuses qui les appellent, qui les entraînent et qui semblent entre elles rivaliser d'amabilité envers les chers Français !

Mais la fête est terminée... Les coupes sont vides enfin.. Il est tard... Français, le sommeil vous sollicite... dormez !...

Les Français dorment bientôt : en effet, c'était prévu...

Alors on eût pu voir glissant dans l'ombre, une foule muette. Elle pénètre dans l'intérieur d'un édifice sombre et isolé... C'est l'église !

La population et le clergé sont là, pêle-mêle. Il s'élève bientôt une discussion orageuse... Dans quel but?... on le saura dans un instant ; car ils semblent d'accord...

Ils sortent tous, croix et bannières en tête, environnés des pompes religieuses !...

Et cette procession lugubre qu'éclaire la lueur sinistre de brandons enflammés, va saisir les prisonniers qu'un gigantesque *auto-da-fé* doit anéantir pour jamais !

Je laisse à penser si ce récit nous donna des jambes. Mais hélas ! pour mon compte, je sentis bientôt qu'il est des limites que la volonté humaine ne peut dépasser. Mon état de maladie n'avait fait qu'empirer depuis notre départ... et nous avions neuf lieues à faire !... Au bout de cinq lieues, je commençai à perdre du terrain... enfin, il ne me restait plus qu'une demi-lieue. Mais désespérant d'aller plus loin je m'assis au pied d'un arbre, et après avoir donné à ma patrie... à la France ! un souvenir plein d'angoisses, j'adressai à Dieu une prière que je croyais devoir être la dernière. C'en est fait, me disais-je, et mon sort est décidé... il faudrait un miracle pour me sauver en ce moment ! Un peu plus tard j'aurais sans doute éprouvé plus de misères encore... Que la volonté de Dieu soit faite !... Alors, pendant un temps dont je ne saurais préciser l'étendue, je restais plongé dans une morne apathie, regardant, sans les voir, quelques insectes qui glissaient dans l'herbe et se hasardaient à m'envahir... lorsque, par une cause indépendante de ma volonté, je fis, enfin, un mouvement. Ce mouvement me rendit la pensée, qui m'avait abandonné ; et avec la pensée je sentis renaître mon courage. — Je me levai donc et repris ma route avec la ferme volonté d'arriver à Xérès de la Frontera, où mes camarades faisaient halte pour attendre les traînards.

Je profitai de quelques instants qui me restaient encore pour entrer dans une taverne où, m'étant fait servir un *quartil* de vin et pour un sou de pain qui me firent du bien, je redoublai la dose et ne m'en trouvai que mieux. Quelques instants après, ayant rejoint mes camarades, on nous conduisit au dépôt général ; mais bientôt nous repartîmes pour Puerto-Real, où nous devions nous embarquer pour gagner les pontons de Cadix.

C'était le 20 décembre que nous quittions Xérès pour Puerto-Real, sans savoir encore où l'on nous conduisait. Nous arrivâmes à cette dernière station sur la fin du jour, alors que la nuit tombante revêt les objets inconnus de formes fantastiques... de sorte qu'ayant été embarqués aussitôt après notre arrivée, nous nous trouvions en mer pendant la nuit.

La lune s'éleva bientôt, et les reflets de son premier quartier glissant sur un ciel un peu couvert éclairaient une scène grandiose, indécise, qui donna à notre tristesse quelque chose de mélancolique et de serein.

Nos cœurs se laissaient aller, non sans bonheur, à la rêverie du moment; et, je puis le dire, si nous n'oubliâmes pas les douleurs déjà souffertes, ni le but qui nous attendait, au moins n'en fûmes-nous point préoccupés; et jeunes encore et faciles aux mélancoliques pensées, nous oubliâmes les bruyantes causeries du bivouac pour nous livrer à un pieux recueillement.

Bientôt les cris répétés de quelques-uns : Une ville ! une ville ! vinrent m'arracher à des réflexions devenues plus pénibles... J'avais laissé en France une jeune femme; et mon sort, pour elle surtout, ne me laissait qu'inquiétudes profondes...

Mais l'objet de mon récit n'est point de vous

faire connaître les douleurs intimes qui devaient succéder aux malheurs du prisonnier de guerre. Que vous sachiez seulement, ajouta le pauvre vieillard, en essuyant avec la main une larme qu'il ne put retenir, que vous sachiez, dis-je, qu'au retour de l'île déserte m'attendaient les plus rudes coups !

Enfin... je disais que les cris : Une ville ! une ville ! me rappelèrent à la réalité ; et, comme tous mes compagnons, je jetai les yeux sur le point qui fixait l'attention générale...

La lune, alors voilée de nuages sombres, ne jetait qu'une morne lueur autour de nous ; mais on apercevait à une distance vague, une myriade de clochers, de tours, de tourelles ; d'édifices aux formes peu précises, il est vrai, mais dont nous entrevoyions, nous semblait-il, les plus minutieux contours...

Cependant, quoique la mer fût houleuse et menaçante, nous nous rapprochions rapidement, et bientôt notre imagination seule pouvait nous présenter le spectacle que je viens de décrire ; car, tout à coup, nous aperçûmes, au milieu de la mer, de grandes masses noires que nous côtoyâmes quelque temps avant de nous arrêter. C'était l'escadre de Rosily! c'étaient les pontons! et tandis que leur aspect lugubre jetait la terreur dans nos âmes nous entendîmes des voix creuses et comme souterraines qui semblaient sortir du fond d'un sépulcre ; elles disaient : Frères! frères ! serrez bien votre argent si vous en avez à l'effigie d'Espagne ; car on vous fouillera demain et vous n'en aurez plus !

Déposés sur les pontons, notre position commença d'être assez fâcheuse pour nous faire regretter les cantonnements...

Nous recevions les vivres en nature. Chaque ration se composait de quatre onces de grosses fèves que nous appelions *gourganes;* d'un peu d'huile d'olives et d'à peu près une livre et demie de pain.

Nous devions recevoir ces vivres tous les deux jours ; cela nous parut d'abord bien maigre. Que de vœux nous avons faits vainement, plus tard, pour l'exactitude de nos bourreaux !

Quelques mois auparavant, le vice-amiral Rosily était entré dans le port de Cadix. La France n'était-elle pas l'alliée de l'Espagne?... Notre amiral jouissait de la plus grande sécurité... mais à la nouvelle de l'insurrection une attaque habilement combinée fut dirigée contre lui sur tous les points à la fois, et après une défense désespérée force fut de se rendre... Ses huit vaisseaux rasés et désarmés complétement furent transformés en pontons...

# PONTONS.

# PONTONS.

Les pontons, espèce de prison établie au milieu de la mer, sont connus de temps immémorial. Autrefois toutes les nations maritimes en possédaient ; mais, peu à peu, on les voit disparaître sous les pas de la civilisation. C'est, en effet, un supplice barbare, qui, selon l'opinion d'Howard, qui fit au siècle dernier un ouvrage remarquable sur les prisons, ne devrait être que la punition des crimes les plus atroces !

A l'Angleterre revient l'honneur d'en maintenir

l'usage. Il paraîtrait, du reste, que les Anglais eux-mêmes se proposent de substituer prochainement le système cellulaire et agricole à l'ancien système des *bridwels* et des *hulka* ou pontons.

J'étais à bord du *Vainqueur* où l'on nous déposa au nombre de deux mille ! — On nous avait jetés là sans se préoccuper s'il y avait place pour tout le monde : nos ennemis en voulaient à notre vie autant au moins qu'à notre liberté ; les moyens d'en venir à leurs fins leur étaient indifférents.

Voici, du reste, comment s'effectua notre transbordement. Les premiers arrivés s'étaient précipités dans la cale et le faux-pont, d'où ils sortiront s'ils le peuvent ; car ils s'y trouveront mal : peu ou point d'air, obscurité presque complète.

Les nouveaux envahirent les batteries. Or, il arriva un moment où ceux d'en bas se sentirent si pressés qu'ils étouffaient ! Alors, tandis que d'un côté les uns essayaient de trouver des places avantageuses, les autres essayaient de gagner le pont... Quand les deux mille hommes furent sur *le Vainqueur* ce flux et ce reflux dut cesser. La cale, le faux-pont, les batteries, tout regorgeait ! — Il s'opérait encore un certain mouvement, assez semblable, si l'on peut dire, à ce moutonnement de la mer qui présage la tempête.

Bientôt lorsque les poignées de main amicales et les coups d'œil expressifs eurent été échangés, chacun regardant autour de soi éprouva comme une espèce de vertige. Nous tenir debout n'était pas toujours possible et nous ne pouvions nous coucher que les uns sur les autres !

Ceux qui étaient sur le pont, malgré le froid et l'humidité de la nuit, qui leur donnait des ophthalmies, avaient un avantage réel sur les habitants de l'intérieur.

Les émanations d'un si grand nombre d'hommes réunis eurent bientôt vicié l'air à tel point qu'une épidémie se déclara à bord des pontons. — La place se fit à souhait, et ceux qui garnissaient le pont purent bientôt à leur gré descendre d'un étage.

La maladie était si violente qu'elle ne faisait point de quartier. C'était le scorbut ! c'était le typhus ! c'était la dyssenterie ! c'était un spécimen des plus hideuses infirmités humaines !

Tantôt c'était un volcan intérieur accompagné d'une sueur glacée; c'étaient des lamentations infinies, d'étranges délires, qui se terminaient par les contorsions épouvantables du tétanos! telle était la marche du typhus. — Les scorbutiques étaient d'abord tristes et pâles, — ennemis du mouvement : bientôt leurs gencives se gonflaient; leur haleine devenait d'une fétidité insupportable; la décomposition des chairs était, en quelque sorte, spontanée... La mort n'attendait pas longtemps...

Quelques prisonniers s'ingénièrent à fabriquer de petits ouvrages qui leur rapportaient quelques *cuartos!* Ils purent améliorer leurs vivres, et se trouvèrent moins accessibles au scorbut. — Mais pourquoi donc les uns sont-ils si maigres, les autres si bouffis, tous plongés dans l'accablement?... Comme ils s'affaissent et se voûtent!... la mort vient aussi les trouver! c'est là la troisième catégorie : les dyssentériques!... Il y avait parmi nous des femmes ; — ce furent des anges! quel dévouement! quelle activité! Eh bien, quoique en butte aux outrages et aux vexations de nos bourreaux, elles se portaient mieux... elles étaient dans un perpétuel mouvement pour donner des soins aux uns et aux autres, et le mouvement était le remède qu'il nous fallait.

Nos officiers aussi se portaient mieux ; mais leur traitement différait tant du nôtre! Rien de ce qui leur était nécessaire ne leur manquait... souvent même un luxe de mauvais goût venait ricaner sous nos yeux! Mais je me tais... nous étions tous bien malheureux, hélas! La captivité et l'exil peuvent-ils avoir des nuances saisissables?...

Je ne crois pas inutile de raconter à quelles fâcheuses extrémités nous en étions réduits.

Ceux qui succombèrent les premiers restaient sur le pont pendant vingt-quatre heures, après quoi on leur attachait un boulet et on les jetait à la mer!...

Bientôt, la maladie nous enlevait si rapidement que nous fûmes obligés de faire monter les malades eux-mêmes sur le pont; de sorte qu'on voyait souvent des groupes composés de mourants et de cadavres!

Le souvenir m'en donne encore le frisson!... Il y en avait sur qui cette vue seule produisait des crises terribles, et qui ne tardaient pas à aller prendre place parmi les désespérés... C'est ainsi qu'on désignait ceux qui se trouvaient atteints des symptômes de l'épidémie.

Ce n'était pas sans peine que l'on faisait monter sur le pont les pauvres malades; ils s'y refusaient avec des accents qui déchiraient le cœur! — Connaissant d'avance le sort qui les attendait, ils nous suppliaient avec délire de les sauver! — Il se passait parfois des scènes qui nous arrachaient des larmes, je dirai presque des rugissements de rage contre nos bourreaux! mais il fallait être impitoyables nous-mêmes. A peu près privés de tous les secours de la science, nous ne pouvions en épargnant à nos camarades quelques tortures morales que hâter notre destruction complète... Nous adressions à Dieu, qui seul pouvait nous secourir, des vœux bien sincères et nous passions outre...

Oh! quelle agonie subissaient avant de mourir les malades ainsi abandonnés!

Nous étions quelquefois, le matin, frappés de ces spectacles horribles qu'il est impossible de représenter, et qui se traçant dans le cœur conduisent infailliblement à l'aliénation mentale, s'ils ne produisent la dureté!

Je veux raconter celui qui m'a le plus saisi.

J'avais été pendant la nuit en proie au plus affreux cauchemar! ma poitrine aride se soulevait haletante sous je ne sais quoi d'écrasant qui m'étouffait!... Il me sembla enfin voir... mais j'ai mieux qu'un rêve à vous raconter.

Le jour commençait à paraître, lorsque le mouvement qui s'opérait autour de moi, m'arracha enfin aux tortures que je subissais... je m'éveillai, et promenant autour de moi, mes yeux que l'horreur devait rendre égarés, je reconnus où j'étais et fus plus calme ; mais je sentis en même temps le besoin de respirer plus à l'aise et montai sur le pont...

Là m'attendait l'impression la plus terrifiante qu'il soit donné à l'homme d'éprouver sur la terre ; et je le jure, la mort, sous quelque aspect qu'elle se fût présentée à moi, m'aurait trouvé moins ému... Je poussai un cri rauque et semblable, j'imagine, à celui d'un homme qui sent la folie envahir subitement son cerveau !

Mon rêve était là, devant moi ! tout mon rêve !...

Les nuits d'alors étaient très-froides, et les désespérés se rapprochaient en se traînant les uns les autres avec la préoccupation instinctive de se réchauffer mutuellement ; de sorte que l'on trouvait parfois, comme je le disais tout à l'heure, des moribonds à côté de cadavres glacés ! mais ce qui m'apparaissait en ce moment était encore inouï à bord du *Vainqueur !*

Sur la poitrine d'un de mes camarades que la

mort avait hâte de saisir, et qui, le regard vitreux et la bouche écumante, eût paru trépassé, si un râle presque insaisissable n'eût témoigné d'un reste d'existence : sur sa poitrine, dis-je, et presque collée à son visage, se trouvait la figure livide d'un cadavre !...

Oh ! alors, je songeai que bientôt peut-être, jeté, moi aussi, sur le pont au milieu des morts, je verrais aussi la figure d'un cadavre appuyée sur ma poitrine sans avoir la force de le repousser. Peu à peu cette idée s'empara de moi ; je fus saisi d'une espèce de délire, et mon cauchemar de la nuit précédente me reprit tout éveillé... je vis le cadavre m'envahir ! je tentai de le repousser et de fuir ; mais partout cette horrible figure se retrouvait près de la mienne... Je parcourais le ponton la bouche béante et poussant des gémissements pleins de sanglots. Enfin la fatigue me fit tomber sur le pont, accablé de lassitude et de fièvre, les membres agités d'un frisson terrible, et le regard livide, égaré, projeté loin de moi sur quelque chose de hideux !

Je fus dans cet état pendant plusieurs heures ; et, pendant plusieurs jours, mon imagination avait été tellement frappée que, tout à coup, j'éprouvais des mouvements désordonnés; mes yeux se dilataient et je proférais ces gémissements languissants particuliers à l'idiotisme...

Les hommes, si l'on peut attribuer ce nom à nos bourreaux, qui sont capables de laisser sans pitié et sans remords leurs semblables en de pareilles situations, sont pires, sans contredit, que des anthropophages !

Je doute, continua le vieillard, en jetant sur moi un regard plein de vigueur, que je puisse vous donner une idée des sentiments que nous éprouvions et de leurs effets.

Lorsque nous pensions aux Espagnols, et que nous n'apercevions autour de nous que motifs de désespérer infiniment... nous sentions au fond de nos cœurs comme le bruit d'une cascade râclant notre poitrine ! Comme qui dirait la haine, la rage et le malheur, retenus par l'impuissance et se poursuivant dans un cercle sans issue...

Mais quand je m'arrête sur ces tableaux je ressens quelque chose de pénible, comme un arrière-goût de ce temps-là...

Du reste, la suite de ce récit prouvera surabondamment que les Espagnols s'étudiaient à trouver les moyens de nous faire souffrir et que cela leur était on ne peut plus facile.

Le *coq*, on désignait ainsi le cuisinier, faisait deux fois par jour la cuisine pour préparer nos deux repas.

A dix heures nous prenions le premier. Il consistait en une gamelle de bord (c'est à peu près grand comme la moitié d'un seau), à demi pleine de mauvais bouillon, dans lequel surnageaient à l'aise quelques gourganes mal cuites, que huit d'entre nous s'essayaient, longtemps en vain, à prendre avec leur cuillère. Il fallait, je l'affirme, une longue habitude et de l'habileté.

Depuis, je me suis trouvé dans ces misérables gargotes, où nous allons, malheureux ouvriers, jouer contre un sou la chance illusoire de ne pas manger notre pain sec; je puis dire que ces industriels n'ont pas eu de plus terrible client... chaque fois je me souvenais de la pêche aux gourganes des pontons de Cadix !

Tel était notre repas du matin, le soir nous faisions absolument le même... Bien heureux encore si toujours cette misérable nourriture nous eût été donnée ! mais non. Un jour, c'était l'eau qui manquait; un autre, c'était le pain... et alors c'étaient des privations atroces!

Nous avions cependant des signaux convenus pour demander chaque chose qui manquait. Nous hissions, le plus en vue possible, un sac, pour le pain et les légumes; une bûche, pour le bois; pour l'eau, une tonne... mais qu'importe un signal à qui ne veut point voir? Au commencement de février 1809, la tonne a été suspendue pendant huit jours inutilement...

Nous avons été saisis bientôt d'une soif brûlante; pas une goutte d'eau ne nous restait pour boire ni pour préparer nos aliments.

C'est alors qu'il eût fallu nous voir pour se faire une idée du degré que peuvent atteindre les infortunes humaines! nous offrions le spectacle d'une foule d'aliénés, tant nos mouvements et nos paroles avaient d'incohérence!

Nos yeux dardaient une lueur sinistre qui faisait peine à voir.

Tantôt on nous eût vus approcher de nos lèvres l'eau de la mer et la rejeter comme un fer brûlant; essayer divers moyens de la purifier et nous lamenter de n'en trouver aucun... Nous allions par la prison comme des hyènes dans leur cage, recherchant les endroits frais et humides et y collant nos lèvres avec empressement : rien ne nous soulageait ! Un jour pourtant nous prîmes un parti dont nous nous promettions merveilles... Les lames de plomb furent arrachées au flanc du vaisseau et coupées par petits morceaux ; puis, on nous les distribua... Oh ! bonheur ! nous sentîmes, tout à coup, quelque bien-être ; mais ce moment fut prompt comme la pensée et nos tortures reprirent plus atroces.

Telle était notre situation, lorsque Dieu eut enfin pitié de nos misères ; trop tard hélas, pour le plus grand nombre de nous. Le scorbut avait multiplié ses ravages, et le scorbut n'était autre chose que trois jours d'agonie affreuse, et puis la mort !

Dieu, dis-je, eut pitié de nous. Il y avait sept jours que nous étions en cet état, lorsqu'une pluie abondante vint enfin nous apporter ce dont nous avions un si suprême besoin.

Or, après avoir établi sur le pont une espèce de réservoir, nous nous ruâmes sur cette eau, plus sale et plus dégoûtante que celle des plus sales ruisseaux de Paris, avec un bonheur qu'il est impossible de comparer à quoi que ce soit sur la terre ! nous remplîmes ensuite avec soin les marmites et les gamelles ; car nous ne voulions pas éprouver une seconde fois les mêmes souffrances, si la cruauté qu'on exerçait sur nous se prolongeait encore plusieurs jours!

Avant de sortir de ce désert d'une autre sorte, où Dieu nous envoyait de l'eau plus indispensable et plus désirée, je dirai même, reçue avec plus de gratitude que la *manne* du peuple élu, un fait bien significatif me reste à raconter.

Au moment de l'averse, un cadavre, déjà puant et assurément malpropre au dernier point, se trouvait sur le pont. Ayant remarqué que l'eau en passant dessous se filtrait, en quelque sorte, et formait une espèce de ruisseau plus limpide, je m'étendis tout contre; j'étanchai ma soif à longs traits et sans le moindre dégoût; au contraire...

Au commencement de notre séjour à bord des pontons, on en agissait avec les morts, ainsi que je l'ai dit précédemment; c'est-à-dire, qu'on les laissait vingt-quatre heures sur le pont, puis leur ayant attaché un boulet au pied, on les jetait à la mer. Cela dura quinze jours; mais au bout de ce temps nous reçûmes l'ordre d'user d'un autre procédé. Nous dûmes déposer les cadavres à la mer, autour de chaque ponton, en ayant soin de les attacher à un câble circulaire au moyen de petites ficelles, pour que les Espagnols pussent venir les recueillir et les enterrer sur le rivage. Quel sinistre aspect ! nous avions l'air de tendre l'hameçon à des hommes sous-marins ! et quelle abondante pêche chaque jour !... c'était épouvantable !

Une grande partie des morts que nous avions engloutis au moyen d'un boulet, furent jetés à la côte par une tempête affreuse qui manqua de tout anéantir. Les Espagnols ne voulurent plus manger de poisson, disant qu'ils se nourrissaient des restes des Français ! de ces chiens de Français ! car c'est ainsi qu'ils nous désignaient. Non contents des tortures physiques qu'ils nous imposaient et que nous endurions avec la dignité qui convient à des infortunés qui n'ont point mérité leur sort, et qui ne pouvant plus s'expliquer la conduite de leurs ennemis par les considérations générales exposées plus haut, sont forcés de les mépriser, nous étions encore, chaque jour, en butte à ces petites vexations que la haine inspire aux esprits étroits et fanatiques.

Ces réclamations firent donc modifier le système des cérémonies funèbres.

Le malheur rapproche les cœurs, je le sais, et dans notre position les sympathies les plus froides aboutissent quelquefois aux amitiés les plus vives. On éprouve le besoin, n'en faites jamais l'expérience, d'avoir avec qui partager son malheur et communiquer ses pensées. Si votre destinée veut que vous ayez conservé quelques illusions au fond de l'abîme, vous aimez à les faire partager à quelque ami fidèle... Tel était l'état de mes rapports avec un de mes compagnons de misère...

Mais cette consolation devait m'être enlevée. Mon pauvre ami dont l'affection pouvait seule, sinon me faire oublier, du moins m'aider à supporter tant de misères, je devais aussi le perdre : il mourut, et sa mort me replongea plus avant dans le désespoir dont j'avais cru sortir un instant.

Pendant les huit jours dont je viens de vous raconter les tortures, mon pauvre ami succomba. Je m'étais aperçu depuis quelques jours qu'il n'aurait pas la force de résister bien longtemps aux misères que nous endurions, et mon malheur s'accrut d'une nouvelle affliction. Je voyais s'affaiblir de plus en plus l'être dont l'amitié me soutenait!

Ces tristes prévisions ne m'avaient point trompé;

quatre jours encore, et mon pauvre ami ne suffisait plus à sa chétive ration et m'obligeait à la partager...

Bientôt les derniers symptômes de l'épidémie m'annoncèrent sa fin prochaine! mon pauvre ami se traînait à nos pieds et demandait de l'eau pour ne pas mourir! ses lamentations nous torturaient; mais que faire? nous n'en avions pas une goutte... de sorte, qu'après une agonie de deux heures qui me semblaient plus qu'à lui éternelles, il avait cessé de vivre!

Cependant le matin du onzième jour n'avait encore apporté aucun changement à notre situation. Nous ressemblions à ces bandes affamées, voraces, que l'on rencontre dans les temps de disette, parcourant les campagnes, hâves et demi-nues!

Chacun de nous avait à pleurer des amis; la mort avait fait de terribles ravages. Habitués à l'encombrement des premiers jours, il nous semblait que *le Vainqueur* était maintenant désert. Hélas! la plupart de nos camarades, de nos amis, étaient maintenant ou engloutis dans les flots, ou enfermés sous une terre étrangère. Nous passions nos journées à contempler ce rivage où les nôtres étaient ensevelis. Nous rappelions de nos vœux leurs ombres chéries;

nous repeuplions en idée la solitude de notre prison. Puis nous nous consolions en pensant que du moins la mort les avait fait échapper aux Espagnols et à tant de souffrances, et peu à peu nous en venions à envier leur sort. Nous nous disions que c'était l'unique port où nous pussions être abrités, et que plus tôt nous y parviendrions, plus nous aurions à bénir la Providence.

Quelques-uns, plus impatients d'en finir, terminaient par différents modes de suicide une existence qu'ils ne pouvaient plus supporter. La surveillance qu'on exerçait sur nous était impuissante à empêcher les effets du désespoir dans certains esprits. Il y en eut un, entre autres, qui poussa la puissance de la volonté à un degré inouï : maintes fois il avait manifesté l'intention de mourir; son visage sombre et énergique, quoique calme, ne prenait plus ces nuances variées qui sont, comme on l'a dit souvent, le miroir de l'âme, le reflet des pensées qui l'occupent : il n'avait plus de pensée, ou bien il n'en avait qu'une, car tel vous auriez vu son visage le matin, semblable vous l'auriez trouvé à toute heure du jour, un peu plus pâle, peut-être. Sa démarche eût paru au regard prévenu, plus languissante ; ses yeux prenaient une teinte morne : on eût dit un flambeau dont la substance est épuisée... et chez cet homme, néanmoins, les symptômes de l'épidémie ne se manifestaient point ! Devenu bientôt squelette ambulant, il dut tomber enfin, et parmi les mourants on ne s'occupa pas plus de lui que des autres ; il mourut comme on mourait, étendu sur le pont au milieu d'agonisants... — Mais une découverte que l'on fit en relevant son cadavre nous jeta dans une étrange stupeur... « Aujourd'hui quinze jours se sont écoulés depuis que je n'ai pris de nourriture...» Suivaient un nom et une date... le nom : pourquoi le dire...? la date... était de l'avant-veille.

Nous vîmes enfin ce jour-là, à l'horizon, la barque à l'eau... et les plus désespérés se sentirent revivre, et les plus affligés eurent un transport de joie... par les plus désespérés, je n'entends pas parler de ceux dont les lèvres gluantes refusaient de s'ouvrir ; pour ceux-là, il n'y avait plus d'espoir !

Cependant les Espagnols ne tardèrent pas à nous soumettre à une autre privation : pendant cinq jours ils nous laissèrent sans pain... mais les tourments que nous éprouvâmes ne sont point comparables aux tourments de la soif...

Quoi qu'il en soit, nous montions tous les jours sur le pont, désespérant de voir démarrer la barque désirée, que nous reconnaissions au petit pavillon bleu qui décorait son mât. En effet, elle restait obstinément immobile. Enfin, le cinquième jour, elle sortit du port et cingla vers nous, empressée et alerte comme un commissionnaire en retard. La joie nous faisait oublier les jours de privation, et nous savourions déjà la précieuse nourriture! Dans une minute la distribution allait avoir lieu... Que nous connaissions mal le caractère implacable des Espagnols! nous en fîmes, ce jour-là, une épreuve des plus cruelles !

La barque se balançait à quelques brasses du *Vainqueur*. Un marin espagnol saisit un pain et l'ayant élevé, il nous dit en ricanant : — « Tiens, Français maudit! voilà du pain... en veux-tu? » Et comme nous répondions par une exclamation pleine de prière... il ajouta : « Ah ! ah ! eh bien , regarde-le aujourd'hui... tu en auras demain ! » et la barque ayant viré de bord se dirigea vers un autre ponton où le pain fut déchargé.

Que puis-je ajouter à un tel récit? Les réflexions que chacun peut faire sont de même nature, j'imagine, et telles que peut en inspirer une pareille barbarie !

En désespoir de cause, nous attendîmes le lendemain avec impatience, mais il était écrit que ce pain serait perdu pour nous.

L'existence des pontons nous était devenue à ce point fatigante que nous aspirions à en sortir de quelque manière que ce fût. On nous eût parlé de mourir que nous n'eussions pas hésité un seul instant : la mort était une délivrance qui nous paraissait désirable pourvu qu'elle ne se fît pas attendre. Notre prison était d'une malpropreté telle que nos ennemis eux-mêmes crurent devoir y apporter quelque remède. — L'armée française était victorieuse et marchait vers Cadix ! De quelle colère nos frères d'armes n'auraient-ils pas été saisis s'ils nous avaient trouvés dans ces bouges puants qu'on nous avait donnés pour prison contre toutes les lois de la guerre et de l'humanité ! Ils en savaient déjà quelque chose : les officiers avaient exécuté un trait de sublime audace. Placés sur un ponton où ils étaient traités mieux que nous pourtant, ils avaient trouvé le moyen de couper les câbles qui le retenaient; et le destin, cette fois les favorisant, ils avaient été poussés sur la côte à un endroit occupé par l'armée française. Reconnus aussitôt, on s'était précipité vers eux les bras ouverts ; mais l'odeur méphitique qui s'exhalait de leurs vêtements en lambeaux avait bientôt arrêté l'élan fraternel. Un cri s'était élevé et la sympathie s'était changée en répulsion...

Le cri de pestiféré était suffisamment justifié du reste, et peu s'en fallut que les chefs eux-mêmes ne repoussassent, comme des parias, ces pauvres martyrs, que la captivité poursuivait encore après leur délivrance héroïque.

Il n'en fut rien pourtant, et les procédés de la chimie achevèrent l'œuvre de ces grands cœurs. Leurs récits firent marcher l'armée en avant. A cette nouvelle nos bourreaux furent saisis de crainte, sinon de honte. Les marins de l'escadre de Rosily retenus prisonniers dans l'île Saint-Léon furent envoyés vers nous pour assainir nos repaires. On procéda activement à ce nettoyage officiel. Les bains, les fumigations furent employés en abondance : on nous donna du linge propre pour la première fois!

Depuis notre arrivée nous n'avions point changé : libre à nous, il est vrai, de laver notre chemise dans la mer et de la faire sécher sur nos épaules ; mais ceux qui prenaient ce parti ne tardaient pas à en avoir regret. Le supplice qu'on endurait était affreux, en effet ; cette chemise de grosse toile imprégnée d'eau de mer ne séchait point, mais prenait en quelque sorte la consistance du parchemin et constituait un véritable cilice.

Cette amélioration ne fut pas la seule qu'on apporta à la situation des prisonniers : les malades furent entourés de quelques soins ; et les femmes, ces anges d'abnégation et d'amour qui partageaient nos souffrances et savaient les alléger, les femmes, dis-je, jusque-là traitées avec mépris et rigueur en raison de l'adoucissement qu'elles apportaient à nos maux, furent entourées d'égards et de prévenances de par la loi !

Voulant rendre l'aspect de notre misère moins choquant, on sentait que les femmes étaient nécessaires ; que leur activité secondée et non entravée ferait merveilles ! on eut raison de les apprécier ainsi ! Les malades furent soignés par ces cœurs sympathiques et tenus dans un état satisfaisant de propreté. La mortalité diminua. On peut citer des exemples de guérison ; rares encore mais quel progrès ! Du reste, tout faisait présager d'immenses résultats. La première guérison avait eu une influence incroyable sur les malades : ils se reprenaient à l'espérance de guérir en en voyant la possibilité : ils avaient la foi ; et la foi partout et toujours est le grand moyen de salut.

Malgré toutes ces améliorations, nous n'en imaginions de sérieuse, de réelle que dans notre départ des pontons. Nous y étions infiniment mieux alors que dans le commencement ; cela ne fait rien ; nos esprits, moins abattus par la misère apparente, moins éperdus au milieu d'immondices et de cadavres, n'en éprouvaient qu'une plus vive horreur. Tous les lugubres spectacles dont nous avions été témoins se retraçaient à nous, à toute heure du jour ; et la nuit, ils venaient nous poursuivre jusqu'en notre sommeil. On avait beau laver les pontons, les balayer, les mettre à neuf et en couleur, ils n'en étaient pas moins, pour nous, des sépulcres blanchis, de hideuses nécropoles ! —

Notre départ avait été fixé au 15 mars. Plus de mille hommes avaient péri à bord du *Vainqueur* dans l'espace de trois mois ! nous fûmes embarqués sur des bâtiments marchands qui se trouvaient dans le port de Cadix. Ils devaient nous déposer aux îles Baléares, à Mayorque.

Deux mois entiers nous attendîmes le signal du départ. Les bâtiments sur lesquels nous étions, au

9

nombre de vingt-trois, étaient inscrits par numéros : j'étais à bord du n° 10. Chaque jour nous pouvions assister à la manœuvre d'un brick anglais qui mouillait dans le port. J'aimais à voir les marins anglais faire l'exercice avec cette précision que donne l'habitude et qui les distingue éminemment.

Enfin, le signal est donné ; chaque capitaine à son poste, armé de son porte-voix, a ordonné les mouvements de partance. Un accident inattendu faillit alors nous engloutir : le beaupré du brick accrocha notre grillage... Heureusement que les marins anglais, plus prompts et plus habiles que les Espagnols, le brisèrent à grands coups de hache, au moment où notre bâtiment craquait de toutes parts avec un bruit épouvantable. Nous en fûmes quittes pour la peur, et les marins espagnols pour travailler toute la nuit à regrillager le bâtiment.

Nous étions de nouveau sur la mer après une seconde station plus douloureuse encore que la première ; mais comme la première fois, et croyant avoir éprouvé, selon l'expression de Bossuet : « ce que le malheur a de plus extrême », nous renaissions à l'espérance et nous voguions avec une joie réelle vers notre nouvelle destination.

Pendant la nuit qui suivit notre départ, nous eûmes un léger vent arrière qui, sans nous faire avancer très-vite, nous offrait au moins une complète sécurité. A six heures du matin nous longions le détroit de Gibraltar, sans avoir eu à essuyer le moindre dommage! mais à peine entrés dans la Méditerranée, nous fûmes assaillis par une tempête affreuse... Le pilote est impuissant!... et bientôt nous n'aperçûmes plus autour de nous aucun des bâtiments qui voguaient de conserve. Nous étions disséminés sur l'élément furieux, et nous pensions avec effroi aux limites probables de cette catastrophe! Cependant plus tard nous apprîmes que des pertes matérielles seules avaient été éprouvées et qu'après bien des efforts tous les bâtiments avaient réussi à se réfugier dans quelque port: le plus grand nombre à Gibraltar. Le n° 10 trouva un abri dans le port d'Alicante, après avoir épuisé toutes ses forces et perdu tous ses agrès. Il n'avait plus que la carcasse : la mâture avait été brisée, puis coupée et jetée à la mer. Nous restâmes huit jours dans ce port pendant lesquels les réparations furent exécutées et le bâtiment radoubé; alors, nous reprîmes la mer et nous arrivâmes sans nouvelle péripétie à Mayorque.

L'on nous annonça, le lendemain de notre arrivée, que la moitié d'entre nous allaient être échangés : nous vîmes même les capitaines des différents vaisseaux tirer au sort à qui nous conduirait en France....

A la nouvelle que le n° 10 était désigné pour l'échange et que le lendemain nous devions partir, ma joie n'eut pas de bornes; et cet instant de félicité suprême fit évanouir comme par enchantement, le souvenir de ce que j'avais souffert.

J'allais donc revoir ma patrie tant regrettée ! les personnes aimées qui me croyaient mort sans doute et dont j'allais sécher les larmes ! Ces moments sont si pleins d'un délicieux délire qu'on ne peut les peindre, surtout lorsqu'un grand nombre d'années mauvaises les ont suivis, et qu'une misère opiniâtre mise en opposition les a démontrés si vains et si éphémères !

Nous paraissions posséder tous les éléments de la plus parfaite certitude. Les officiers supérieurs étaient à bord ; l'on avait arboré le pavillon français que nous ne revîmes pas sans verser des larmes de joie ; l'on n'attendait qu'un signal, trop lent au gré de notre impatience.... Un retard de plus en plus prolongé nous jeta dans l'accablement. Six jours s'étaient écoulés : le septième commençait à paraître...

l'horizon sans nuages promettait un beau jour, et pourtant nos cœurs étaient plongés dans une morne tristesse, et nos traits exprimaient notre accablement !

Qu'attendait-on pour exécuter une promesse accueillie avec tant d'enthousiasme ?....

Hélas ! nous avions seulement fait des rêves dorés, et la réalité commençait à nous apparaître de nouveau plus hideuse et plus fatale... !

# CABRÉRA.

# L'ILE DÉSERTE DE CABRÉRA.

Nos pressentiments se réalisèrent; nous étions au septième jour d'attente : c'était le 4 mai. Nous vîmes arriver une galère anglaise, et aussitôt chacun de s'écrier : C'est une mauvaise nouvelle, à coup sûr! En effet, elle apportait un contre-ordre; et le lendemain, au lieu de cingler vers la France, nous fûmes transférés à Cabréra, île déserte des Baléares, quoi qu'en disent les géographes, où nous fûmes relégués comme une troupe maudite et abandonnée !

Je vous dirai, au risque d'être taxé d'invraisemblance, que ne sachant pas où nous nous trouvions, pensant trouver des habitants dans cette île, et après avoir préalablement pris notre parti sur la prolongation de notre captivité, nous mîmes pied à terre avec une certaine satisfaction. La vie des pontons nous paraissait en ce moment la pire des existences!

C'est le propre de toutes les grandes infortunes de faire désirer des changements; on s'imagine qu'ils ne peuvent apporter qu'une variété avantageuse à la situation dans laquelle on se trouve.

Les pontons, succédant aux cantonnements, nous avaient laissé des illusions, comme vous voyez!

Nous couchâmes au bord de la mer, remettant au lendemain les explorations. Dès le point du jour, chacun s'en fut à la découverte; mais imaginez quel dut être notre désappointement et notre désespoir, en voyant que nous étions sur un petit îlot désert et aride!

Un seul vestige indiquait la présence des hommes; c'était une espèce de caverne, taillée dans le roc, au pied de la montagne qui domine le port, et sur laquelle se trouvait un vieux fort tout délabré.

Cette caverne servait d'abri aux pêcheurs de Mayorque, quand ils abordaient à Cabréra où la pêche était assez abondante.

Obligés de nous céder la place, ils s'en retournèrent par un des bâtiments qui nous avaient amenés, et nous laissèrent un âne qui nous rendit dans la suite bien des services. J'aurai, plus tard, à vous parler de ce pauvre animal que nous désignâmes sous le nom de *Martin*.

Après quelques pérégrinations dans notre royaume qui nous montrèrent d'une façon navrante le peu de ressources qu'il renfermait, nous dûmes aviser aux moyens de nous mettre à l'abri des intempéries de l'air. Sans goût, du reste, à confectionner de nouveau ces petits chefs-d'œuvre de nos cantonnements, nous arrangeâmes avec des branches et des feuillages ce que nous appelions des *gloriettes*. C'étaient, à proprement parler, des niches de trois pieds d'élévation, où nous pouvions dormir. Nous n'avions pas eu l'idée de faire des baraques, supposant avec une bonhomie qui m'étonne en ce moment, que nous ne devions passer en ces lieux qu'une quarantaine, et qu'au bout de ce temps nous retournerions à Mayorque.

N'était-il pas raisonnable de croire, en effet, qu'on ne laisserait pas plusieurs milliers d'hommes dans une île où *Robinson Crusoë* lui-même, avec son industrie et sa persévérance, serait mort de faim et de découragement !

Rien n'était plus vrai pourtant ; mais pour mettre fin aux inquiétudes de notre estomac, le lendemain nous apporta un échantillon de notre ordinaire.

Nous vîmes aborder deux barques de pêcheurs pleines de vivres, et chacun reçut pour deux jours une ration composée ainsi qu'il suit :

1° Pain, une ration ; soit une livre et demie ;

2° Quatre onces de fèves ou gourganes ; quelquefois du riz à la place ;

3° Une cuillerée à bouche d'huile d'olives.

Il y avait parfois en surplus de cette ration :

1° Une faible portion de salade ;

2° Quelques raves ;

3° Une demi-once de lard rance ;

4° La rondelle de saucisse la plus exiguë.

Ce supplément qui ne laissait pas que de nous faire plaisir, nous a été donné pendant quatre mois seulement ; au bout de ce temps, les petites barques furent remplacées par une grande, qui nous apportait, à la fois, sans supplément, quatre rations de vivres qu'on nous distribuait le même jour. L'on nous retenait seulement l'huile et les fèves pour les faire cuire dans une grande chaudière en cuivre détamé apportée de Mayorque, à cet effet, pour nous les distribuer ensuite deux fois par jour. Nous nous trouvions lésés de cet arrangement ; car les employés à la cuisine diminuaient la ration d'une manière navrante...

Cette nourriture, je dois le dire, n'était ni agréable ni saine. Malgré les soins des cuisiniers, nous ressentions après nos repas d'affreuses coliques. Cela ne vous surprendra point, si je vous apprends qu'un cercle de vert-de-gris ornait constamment la chaudière qui servait à les apprêter. Cet état de choses dura six mois.

Une circonstance vint, au bout de quelques jours, aggraver ce que notre position avait de fâcheux : l'eau douce nous manquait. Néanmoins à force de recherches, nous découvrîmes enfin une petite fontaine d'eau limpide et agréable au goût ; mais la source en était si faible que pour une tasse il fallait stationner plusieurs heures.

Cela devint, à la fin, si pénible que nous aimâmes mieux nous servir et même boire de l'eau saumâtre que nous fournissait une citerne. Cette eau saumâtre qui n'est autre chose qu'un mélange d'eau douce et d'eau de mer, servait dans tous les cas, à notre cuisine surtout.

Quatre mois s'étaient écoulés depuis notre arrivée à Cabréra, lorsqu'un incident vint animer notre solitude de cette nuée de souvenirs, lointains déjà, et de réflexions amères que nous aimions à chasser.

Les marins de la garde s'évadèrent de Cabréra. Voici comment la chose eut lieu :

Pour la première fois, depuis notre arrivée à Cabréra, nous vîmes, un jour, aborder une barque remplie de barils d'eau. Lorsque cette barque fut assez près du bord, on déchargea sa cargaison. Pendant que cela se faisait, les marins de la garde se réunirent et se concertèrent; puis, à un signal convenu, ils sautent à la barque, jettent les marins espagnols à la mer, se distribuent le service en un clin d'œil: l'un à la voile, l'autre au gouvernail, les autres aux rames, et... vogue la nacelle ! Nous fîmes des vœux bien fervents pour leur réussite. Par bonheur, la chaloupe canonnière qui était établie en surveillance autour de l'île, se trouvait alors dans une petite anse opposée à celle où s'opérait cette évasion.

Cependant les Espagnols ne perdaient pas de temps et couraient donner l'alarme à la chaloupe. Pour nous, nous nous empressâmes de gravir la montagne pour voir ce qui allait se passer.

La chaloupe sortait avec peine des bas-fonds où elle s'était acculée, et nos camarades glissaient sur les flots avec une rapidité merveilleuse ! Bientôt nous comprîmes qu'ils étaient hors d'atteinte, et nous fûmes contents ; car désormais, nous avions la conviction d'avoir des messagers fidèles dans la patrie ! L'inquiétude, il est vrai, nous saisit de nouveau, en entendant le canon d'alarme à bord de la canonnière... Nous craignîmes, avec quelque raison, qu'on ne se mît de Palma à leur poursuite et qu'on ne ramenât à Cabréra les malheureux fugitifs, desquels on n'eût pas manqué de tirer une vengeance signalée.

Quoi qu'il en soit, les vœux que nous faisions pour leur salut furent exaucés ; car nous ne les revîmes plus dans l'île déserte, et nous avons su, depuis, qu'ils avaient gagné les côtes d'Espagne à un endroit où l'occupation française les mettait à l'abri de nos ennemis.

Un mois, à peine, s'était passé depuis les événements lorsque nous vîmes entrer dans le port des bâtiments sur la cargaison desquels nous ne fûmes point trompés. Nous nous attendions à voir de nouveaux compagnons de misère ; en effet, c'étaient nos officiers qui venaient partager notre captivité.

Restés jusqu'alors à Mayorque, ils venaient d'éprouver toute la férocité des habitants de Palma ; et c'était pour les soustraire à de nouvelles manifestations qu'on les reléguait parmi nous. Voici, du reste, ce qui s'était passé :

Ils occupaient, au nombre de quatre cents environ, une vaste caserne de laquelle ils pouvaient sortir assez librement. Leur sort eût été assez doux, grâce à une protection puissante, si les habitants eussent pu dompter leurs ressentiments. Mais la ténacité s'ajoute, chez les Espagnols, à la violence, et d'ailleurs, l'occupation de l'Espagne par l'empereur continuait d'exciter de plus en plus la haine qu'ils nous portaient.

Un jour, Palma se soulève. Il faut que les officiers soient livrés à la fureur de la population ! C'est en vain que l'autorité essaye de réprimer les violences qui se manifestent de toutes parts : il faut céder, ou l'on trouvera des chiens de Français dans tous ceux qui s'opposent à leur carnage !...

Le gouverneur va trouver les prisonniers, leur expose l'état des choses et la difficulté de détourner le coup qui les menace...

C'est alors qu'il eût fallu voir la contenance de ces hommes intrépides. Nulle émotion n'adoucissait l'expression de sombre énergie qui les a rendus si célèbres. Ils répondirent avec un froid dédain à la déclaration du gouverneur :

— Nous sommes prêts ! qu'on vienne voir des Français mourir !

Le gouverneur, poussé sans doute par de puissantes considérations intimes, ne se rebuta point, et reprit, en paraissant calculer les chances du terrible avis qu'il allait ouvrir :—Si tout n'était pas désespéré, messieurs ; et si, au moyen du dévouement de quelques-uns, on obtenait le salut du plus grand nombre?...

L'étrange changement qui s'opéra tout à coup sur la physionomie des officiers français suffirait, à qui saurait l'apprécier, pour illustrer toute une nation ! Il est vrai, c'étaient des Français, des dragons d'Espagne !

Ils se précipitèrent vers le gouverneur en criant

avec prière : — Prenez-moi ! conduisez-moi à la mort ! moi ! moi ! moi !...

C'était une rivalité sublime ! nul ne voulait être sauvé ; chacun voulait mourir pour le salut de tous !

Enfin, le résultat de cette consultation fût que dix victimes seraient sacrifiées à l'exaspération publique, et que les autres seraient conduits immédiatement à bord des bâtiments qui se trouvaient disponibles dans la rade.

L'embarcation se fit le plus promptement et le plus secrètement possible, et les *émules des héros de Calais* furent livrés au peuple qui avait admis cette transaction.

Ce fut pendant quelques instants, m'a raconté un des témoins de cette scène, un spectacle assez semblable à celui d'une multitude à laquelle on distribue de la monnaie, et qui, poussée par la cupidité, se rue, se vautre, se déchire, et se retire souvent en lambeaux, broyée, estropiée et pourtant contente d'un sou qu'elle a ramassé !

La différence, en cette circonstance, consistait dans l'offrande... la cupidité était bien naturelle...

C'était des Français maudits qu'on allait se

disputer!! On pouvait conquérir un lambeau d'homme!...

La confusion du premier moment fit bientôt place à quelque chose de plus précis, de mieux dessiné.

Les héros français qui s'attendaient à mourir en guerriers, et qui, dans ce cas, se seraient montrés impassibles, frissonnèrent de honte et de rage à cette attaque sauvage, et essayèrent de faire payer chèrement aux Espagnols la vie qu'ils offraient à leur haine.

La lutte fut donc, d'abord, comme je l'ai dit, tumultueuse, acharnée!... mais bientôt la valeur dut céder au nombre, et chaque officier français qui succombait, formait aussitôt le noyau d'un groupe partiel qui se le disputait...

C'est ainsi que neuf avaient péri avec un luxe de tortures inimaginable! un restait encore... Déchiré, couvert de blessures, il tenait la meute en arrêt... Le plus fort homme de l'armée et des plus braves, d'un coup de poing il assommait ses bourreaux! il eût pu depuis longtemps se frayer un passage, se sauver peut-être... Il tenait ferme, défendait ses compagnons, et à mesure qu'ils tombaient, vengeait leur mort!

Enfin, lorsqu'il se vit seul debout et ses assaillants indécis, il tenta un suprême effort; et malgré les pertes de sang qui l'affaiblissaient, il renverse ses ennemis, se fraye un passage et se jette à la mer.

Il allait gagner le bâtiment duquel on lui tendait les bras... un instant encore, et il était sauvé!...

Lorsque, tout à coup, l'on aperçut glissant sur la mer, une barque montée par un homme qui, le regard flamboyant et la figure pâle, tenait une hache à la main, et paraissait doué de la féroce impassibilité d'un exécuteur des hautes-œuvres!

Bien des cœurs frissonnèrent pour la première fois, au moment où cet Espagnol, arrivé près de l'infortuné qui se débattait au milieu des flots, levait sa hache, lui fendait le crâne..., et éteignait ainsi un regard de dédain que l'officier français, qui s'était retourné, lui adressait en mourant!...

Un hourra frénétique témoigna des sympathies de la multitude...

C'est sous le coup de ces impressions que nos officiers nous apparurent en débarquant, et leur aspect eut pour effet de nous donner la certitude que nous devions mourir à Cabréra... L'espoir du retour venait de s'éclipser pour jamais!

Cependant la faim commençait à se faire sentir d'une manière assez inquiétante, et nous cherchions à nous distraire en parcourant l'île : promenade peu consolante comme vous pensez ! ce n'était partout qu'aridité et solitude. Le terrain argileux et rocailleux paraissait, en quelque sorte, étonné d'être foulé par des êtres qu'il ne pouvait alimenter. A peine trouvait-on, çà et là, quelques mousses grises, quelques arbres rachitiques ; partout une nature sèche et inféconde !...

Un jour nous trouvâmes un veau marin à la côte. Malgré son aspect verdâtre et repoussant, quelques-uns d'entre nous descendent à la mer, et l'attirent à terre où chacun s'empressa d'en dépecer un morceau pour s'en régaler...

Le bruit de cette bonne aubaine se répandit bientôt partout, et j'avoue que je ne fus pas le dernier à me diriger vers cette proie... j'en pris même un gros morceau dont je me promettais fête...

Maintenant encore, ce fait m'est tellement présent que j'éprouve une répulsion invincible à y arrêter mon esprit. Je vois encore ce veau marin sur lequel nous nous précipitions, mes compagnons et moi; je crois encore toucher cette matière pourrie, livide et puante dont nous nous emparions, je dirai presque avec délire; mais alors nous étions dans une situation telle qu'il s'agissait d'opter entre la mort et le dégoût: le dégoût... nous n'y songions pas!...

Quand le curé Damien, notre aumônier, qui remplissait les fonctions de chirurgien, nous somma, d'un visage sévère et en *levant sa canne sur nos têtes,* d'abandonner ce mets, ce fut avec un serrement de cœur inexprimable que nous obéîmes, et comme dominés par la puissance morale que son caractère exerçait sur nous. Plusieurs même ne pouvant s'y résoudre feignirent de se rendre à ses raisons, jetèrent leur part; mais à peine eut-il le dos tourné qu'ils la ramassèrent et s'en repurent avidement. Ils trouvèrent dans la chair de ce buffle des balles qui témoignaient incontestablement que sa mort n'était pas de date récente, si son aspect eût pu laisser le moindre doute. Cette nourriture eut sur quelques-uns de funestes effets. Il y en eut même qui en périrent; aussi, après le premier moment d'angoisses, sûmes-nous quelque gré au curé Damien, en voyant ces résultats, de nous avoir évité des souffrances de plus.

Le curé Damien dont je viens de vous révéler le

nom, la position, en même temps qu'un bon office, réveille en moi des souvenirs pleins d'amertume. Je voudrais passer outre; mon cœur m'en inspire la volonté; la tâche que je me suis imposée m'oblige à vaincre cette répugnance mortelle. Je dois à mes amis, à mes compagnons d'infortune de ne point laisser dans l'ombre un des plus grands sujets de découragement et de douleur que l'île de Cabréra nous ait offerts : c'est du curé Damien que je veux parler. Cet homme que vous avez vu empressé à nous préserver d'une nourriture funeste, nous montra toujours les sentiments les plus inhumains ; et plus tard, j'entendis un de mes amis qui se souvenant de l'aventure du veau marin, disait : que les bourreaux avaient parfois certains raffinements qu'il fallait distinguer avec soin ; que souvent, s'ils éloignaient la mort, c'était pour appliquer la torture !... L'aumônier qu'on nous avait envoyé à Cabréra, nous était apparu revêtu d'un double caractère d'humanité : médecin de l'âme, médecin du corps. Eh ! mon Dieu, je ferai peut-être sourire. Un ouvrier de Paris, un homme du peuple, n'est pas d'habitude un fameux catholique... Ce n'est point, non plus, ce mobile qui nous faisait accueillir avec empressement et espoir le curé Damien. Le curé Damien nous semblait devoir tenir la place d'un homme bien cher, dont notre cœur conservait pieusement le souvenir. Le bon prêtre des cantonnements avait effacé le souvenir pénible de son confrère, à tel point, qu'il ne nous venait pas à la pensée qu'un prêtre ne fût pas un consolateur. Nous nous forgions une existence calme et tranquille auprès du bon pasteur. La misère, la faim que nous endurions, nous n'y songions plus... Le successeur du Christ avait, en quelque sorte, par sa seule présence, renouvelé le miracle de la multiplication des pains! Quand nous aurons des idées sombres, il nous consolera avec les bonnes paroles que nous disait l'autre. Quels projets ne faisions-nous pas? Oh! croyez-moi, les malheureux sont seuls les fervents disciples du Christ! de celui qui fut l'ami et le défenseur des petits, des parias de l'ancien monde, et qui mourut pour avoir proclamé, le premier, la grande loi de l'humanité, la fraternité universelle!

Hélas! la désillusion nous plongea au fond de l'abîme de misère. Au lieu d'un frère de l'humanité, nous trouvâmes un homme méchant et fanatique, mêlant le fiel et l'ironie à tout ce qu'il nous disait, et préparant avec une ruse infernale les coups qu'il ne négligeait jamais de nous porter. En présence de cet homme, notre cœur se ferma; nous devînmes insensiblement taciturnes et sombres, recherchant la solitude; nous doutions de tout et surtout de la Providence!

Les faits viendront justifier ce que cette accusation a de grave; mais je dois le dire, elle est personnelle. Je ne prétends point incriminer toute une corporation. Je raconte les souffrances des *Cabrériens*. Le curé Damien eut la triste puissance de les rendre plus amères; un autre prêtre que fera connaître la suite de ce récit, aura celle de les alléger. Comme si la Providence eût voulu nous soutenir même en nous frappant, ces deux prêtres offriront la personnification du bon et du mauvais génie, qui, dit-on, prennent à tâche de nous diriger, par des voies différentes, au bout de notre pèlerinage.

Ce fut, à peu près, vers cette époque que nous commençâmes à construire des baraques à Cabréra. Pour les murailles, nous nous servions de moellons et de terre délayée avec l'eau saumâtre de la citerne. Quant aux toits, les sapins de la colline nous fournissaient leurs branches touffues. Et puis, n'avions-nous pas encore des feuillages divers, des herbes sèches ? Rien ne nous manquait sur le rocher de Cabréra...

Je me souviens que nous formâmes à quatre, Nérelle, Chauffourd, Desessarts et moi, une société, à l'effet de nous construire un domicile. Chacun mit pour apport son industrie; Nérelle fut architecte et maçon : ce fut sa spécialité! les trois autres furent les manœuvres.

Après avoir choisi sur une petite colline un terrain à notre convenance, nous nous mîmes à l'œuvre; et ardents au travail comme des propriétaires pressés de jouir, nous fûmes bientôt au bout de notre tâche. Mais, il est tard; demain nous poserons le toit. Pourtant comme le temps est beau, que les nuits sont sereines, quittons nos humbles gloriettes dès ce soir...

Cet avis est accueilli à l'unanimité. Nous transportons entre nos quatre murailles, les claies qui nous servaient de couche... et nous nous établissons de notre mieux sous ce dais d'un bleu limpide parsemé d'étoiles d'or, qui nous servait de ciel-de-lit.

Mais tout à coup le ciel s'assombrit; le vent s'élève; un orage terrible menace de tout détruire! Que faire? attendre? mais la pluie tombe à torrents...

Cependant, ne sachant où nous réfugier, nous ôtons nos vêtements pour les conserver secs, s'il est possible ; nous les déposons sous nos claies, placées autour d'un feu de branches de sapin, et nous nous asseyons dessus....

C'était un spectacle étrange... quatre hommes, nus complétement, amaigris par une longue misère et se repliant sur eux-mêmes, à l'entour d'un brasier que la pluie fait gémir pour ainsi dire, afin de se soustraire eux-mêmes à cette pluie qui les inonde.

— Notre silence morne nous donnait quelque ressemblance avec les groupes de marbre que l'on voit dans les jardins publics, au moment d'une averse. Autour de nous, on n'entendait que les hurlements de la tempête ; au-dessus, l'on ne voyait qu'une voûte sombre, sillonnée avec un craquement terrible, par des langues de feu !

Cette torture que nous subissions devint telle, enfin, que nous commençâmes à songer à nous y soustraire.

Chauffourd et Desessarts courent à la découverte. Au bout d'un instant, ils reviennent haletants, mais satisfaits. — Accourez vite, nous crièrent-ils. Nous courons, en effet, nous réfugier dans une petite grotte qu'ils venaient de découvrir, à deux pas de notre baraque.

Je pense que l'espèce de caverne où nous venions de pénétrer avait été habitée déjà; car on avait élevé, devant l'ouverture, une sorte de muraille qui rendait l'intérieur assez commode, en le défendant du vent et de la pluie.

Il y avait à peine une demi-heure que nous étions là, sans feu, il est vrai, mais sèchement. Nous avions repris nos haillons, qui consistaient, pour moi, en un pantalon et une veste de petite tenue; pour mes camarades, en une capote : le tout usé, il fallait voir ! Tout à coup, nous entendîmes des cris lamentables.

Émus au dernier point, et saisis d'effroi, nous nous élançons à l'ouverture de notre repaire... La nature se débattait sous les efforts de la tempête !

L'on entendait à chaque instant craquer les arbres, et des bruits sourds et terribles; et l'on se demandait s'ils provenaient de l'écroulement des rochers ou des flots irrités mugissant à leur base. Dans l'impossibilité de sortir; — car l'orage avait redoublé de violence, — nous eûmes peur... Oui, peur des nouvelles du lendemain ! car malgré le sifflement des rafales, nous étions sûrs d'avoir entendu des cris de détresse... nous passâmes une nuit pleine d'angoisses...

Le matin, nous courûmes voir ce qui était arrivé. Et remarquez, je vous prie, que si je raconte parfois des choses horribles, ce n'est pas que je fasse de l'horreur à plaisir. Ce que je raconte, je l'ai vu ; et s'il est une chose qui ressorte clairement de mon récit, c'est l'infinité et l'atrocité de nos infortunes.

Ce qui s'était passé au grand camp et le spectacle qu'il présentait, expliquait d'une manière terrible les bruits qui nous avaient épouvantés.

Le grand camp était situé sur un petit monticule, dont le plateau assez vaste, quoique un peu bombé, présentait assez de convenance pour les constructions de nos camarades ; ces constructions étaient semblables à celle où l'orage nous avait surpris la veille.

Sur un des versants les plus habités et à quelque distance des baraques particulières, se trouvait ce que nous nommions l'hôpital. C'était une baraque semblable aux autres, mais plus grande. Les malades, nombreux alors, occupaient des lits disposés sur des lignes horizontales.

L'orage eut bientôt détruit toutes ces frêles constructions, et, balayant celles du sommet vers la base, il avait formé une avalanche de décombres qui entraîna tout sur son passage.

Les hommes valides purent fuir pour la plupart; mais les malades furent bientôt culbutés et engloutis par le torrent qu'ils grossirent, et auquel pas un n'échappa!... je me trompe : un seul put flotter sur sa claie et recevoir des secours. Il avait été sauvé miraculeusement sans doute ; mais il était seul... Les autres furent retirés par lambeaux informes, du bourrelet formé par les débris au pied de la colline...

Cependant chacun se mit aussitôt à l'œuvre pour réparer autant que possible le malheur qui venait de nous accabler. L'on fut d'avis que rien n'était plus pressé que de trouver un abri sûr pour les malades; l'on jeta les yeux sur le vieux fort qui parut le lieu le plus propre à cet usage. En conséquence, les officiers qui s'y étaient installés, au nombre d'une centaine, en arrivant, durent céder la place. Les malades furent beaucoup mieux désormais dans ce nouveau local, et les officiers se firent construire des baraques à l'entour du grand camp, reconstruit lui-même de fond en comble.

L'âne dont nous avions hérité, vous vous en souvenez, commença à nous rendre les plus grands services.

Comme je vous l'ai dit encore, le fort était situé sur une montagne dont les flancs rapides rendaient l'ascension difficile ; et maintenant que les malades s'y trouvaient, l'on était dans la nécessité d'y transporter de l'eau surtout en abondance : le pauvre animal dut remplir cet office, et ce fut à la satisfaction générale...

Ah ! s'il m'était donné de pouvoir retracer la sombre énergie du tableau, que Cabréra présentait à ce moment de notre captivité, vous éprouveriez un effroi invincible. — Votre cœur compatissant vous faisant jouir, en quelque sorte, du don de seconde vue, vous apercevriez sur cet îlot jaunâtre, levant sa crête au-dessus des flots, mes pauvres compagnons abandonnés ; vous les verriez circuler de la montagne dans l'intérieur de l'île, par bandes, ou isolés... Comme vous seriez saisi de pitié et de douleur, en voyant ces êtres infortunés, hâves et nus, dont le regard est livide, les cheveux et la barbe sauvages ! Présentant ici les symptômes du désespoir apathique, là, les symptômes du désespoir violent ; les uns courant avec des rugissements lugubres sur le haut des rochers qui dominent la mer, et dans leur démarche incohérente glissant sur l'abîme, et se broyant dans leur chute... D'autres, atteints de *spleen*, ce désespoir réfléchi, s'isolant avec prudence, se cachant derrière les taillis rachitiques pour n'être point découverts, et trouvant enfin dans un lieu désert, l'objet de leur recherche minutieuse ; à savoir une cavité échauffée par le soleil... Ils s'y posent, et se placent le plus commodément possible ; ils prennent même le soin de se préparer avec des herbes sèches une couche moelleuse, sur laquelle ils s'étendent pour jouir du dernier sommeil !

Vous seriez témoin des horreurs dont mes regards avaient été épouvantés. Il arrivait parfois que nos explorations aboutissaient à l'une de ces tombes ; et souvent nous retrouvions la figure d'un ami, sur des os dénudés et envahis par des hôtes voraces et hideux !

Que de fois encore, n'avons-nous pas vu du haut de la montagne un de nos frères suspendu sur l'abîme mugissant par une pointe de rocher plongée dans ses entrailles ! Et, alors, comme souvent nous ne pouvions pénétrer jusqu'à ces lambeaux affreux, nous en étions réduits à voir, pendant plusieurs jours, les oiseaux carnassiers s'acharnant après ce cadavre !

L'un d'eux ne fut point détaché, les chairs disparurent, les os blanchirent; un squelette resta, apparent comme un phare !... Il forma les armes de notre royaume, à nous Cabrériens ! Armes horriblement expressives et trop justifiées, puisque l'année dernière, et quarante ans se sont écoulés, Cabréra était encore pavée du même emblème !!

Ainsi, chaque pas que nous faisions nous montrait un nouveau côté de ce sombre tableau. Parfois à la vérité nos regards en rencontraient de moins pénibles. Quelques Cabrériens plus fortement trempés espéraient en l'avenir et combinaient les diverses chances de délivrance qu'un esprit inventif et audacieux leur laissait entrevoir.

Un Cabrérien, nommé Masson, sergent du 67ᵉ de ligne rôdait toujours dans l'île, seul et comme préoccupé de graves pensées. Personne n'était initié à ses projets; mais on avait remarqué que c'était surtout en vue de la chaloupe canonnière qu'il se tenait préférablement. C'était un homme d'un caractère déterminé; maintes fois, je l'avais vu à l'œuvre, et je puis dire qu'il était un de ces hommes dont la bravoure et l'intrépidité ont jeté un si haut relief sur les soldats de l'empire. A Cabréra sa conduite avait toujours été estimée celle d'un bon camarade, et pourtant ce n'était point un de ces grands parleurs qui visent aux applaudissements d'un cercle. Il s'occupait beaucoup de lui, semblait-il; mais il paraissait se soucier fort peu d'en occuper les autres. Homme de tête et d'exécution, il se prodiguait peu; mais sa pensée bouillonnait sans cesse et sa physionomie énergique, au lieu d'exprimer l'abattement général, montrait, au contraire, un rayonnement de satisfaction intérieure, dont le feu de son regard trahissait la plénitude. Un jour que je songeais à mon passé disparu, à mon avenir incertain, à ma famille, à ma patrie, je m'enfonçai dans l'intérieur de l'île, et, insensiblement, je me trouvai sur le haut d'un rocher dont les flots battaient la base. Sous mes yeux, la mer, calme, frappée par les rayons du soleil, offrait un immense miroir aux étincelantes facettes. La chaloupe cannonière était là, immobile à la surface de l'eau, et sur sa masse sombre on n'apercevait aucun être humain.

Il me sembla voir un de ces monstres qui après avoir saisi une proie abondante dont une partie a servi à les assouvir, ont déposé le reste dans leur caverne et se sont placés à l'entrée pour se livrer à un sommeil réparateur, certains qu'elle ne peut leur échapper et que, quand la faim se fera sentir, ils auront, sans se déranger, le moyen de se repaître de nouveau.

Ces réflexions avaient dissipé le rayon de poésie et d'espérance qui d'abord avait réchauffé mon cœur : la victime étendue dans la caverne du monstre, c'était moi, c'étaient tous mes pauvres compagnons... Un cri rauque sortit de ma poitrine, et j'allais reprendre le chemin de ma baraque, afin d'échapper à ces angoisses, lorsque j'aperçus, à quelque distance, un homme, dont le regard était fixé sur la chaloupe avec une persistance singulière. Je m'approchai et reconnus Masson, « Camarade, lui dis-je en l'abordant : tu viens donc aussi, dans la solitude, te livrer à des pensées plus douces et chercher à dérouter le désespoir? — Moi, j'y renonce, ajoutai-je. Ici les pensées vous harcèlent, et les angoisses morales s'ajoutent aux tortures physiques; je veux rester désormais dans l'atmosphère nauséabonde et crétinisante de ma baraque : ma plaie s'élargit, en quelque sorte, à mesure que s'étend mon horizon.

— Oh! s'écria Masson, en jetant sur moi un regard ardent d'enthousiasme, ton désespoir m'afflige, mais je ne le partage point.

— Eh quoi! tu viens ici, à reculons, l'œil sur le passé! Est-il donc besoin de gravir le sommet de ce roc escarpé pour embrasser d'un regard l'horizon de notre solitude; pour contempler l'aspect repoussant de notre misère et se complaire dans cette atmosphère où, pour parler comme l'Écriture, l'on n'entend que pleurs et grincements de dents! où l'on manque d'eau pour étancher sa soif, de pain pour assouvir sa faim et même pour soutenir son existence! où le froid et le chaud nous trouvent également nus, pour subir les souffrances diverses qu'ils causent?... Quand je viens ici, Sébastien, continua-t-il en s'animant encore davantage, c'est pour me soustraire, au moins pour quelques instants, à tous ces maux. Une fois en ce lieu d'où je découvre un horizon sans bornes, je laisse errer ma pensée dans l'espace.

Je suis nu, la mer est sous mes pieds... comme un baigneur heureux s'étend volontiers au soleil en sortant des flots : je me figure, un instant, être dans un pays lointain mais en liberté. Sur la mer (j'en ai reçu la nouvelle), un bâtiment vogue, à pleines voiles, pour me prendre et me ramener dans ma patrie. En attendant ce temps fortuné, chaque jour me trouve sur le rivage, essayant de voir le bâtiment chéri. Mes regards acquièrent bientôt une puissance surnaturelle ; la patrie absente m'apparaît au loin ; je vois les lieux autrefois parcourus dans mon enfance, les personnes aimées ; je m'associe un instant à leur existence. Je prends dans ce fugitif commerce du bonheur et des forces pour éloigner le désespoir jusqu'au lendemain.

— Mais, lui dis-je, ému de ses paroles au dernier point, en quittant ainsi ces douces images, pour se retrouver à Cabréra et dans la réalité, quel sentiment éprouves-tu? Ne te sens-tu pas accablé sous le poids de ton impuissance ?—Oh! non, car ce bonheur éphémère que je me crée me fait désirer de sortir de Cabréra pour aller le goûter sans mélange. Mon esprit s'élève et s'agrandit ; des projets qui te paraîtraient insensés se forment dans ma tête ; l'espérance me soutient. J'aperçois dans l'avenir ma délivrance, à laquelle on ne croirait pas, si je l'exposais avant de l'avoir opérée.

— Mais, enfin ! tu espères donc quitter ce lieu maudit? m'écriai-je.

—Et quand cela serait, répondit-il, il ne faudrait pas s'en étonner... Que penserais-tu si je me faisais reconduire par les Espagnols?...

—Cela serait prodigieux, répliquai-je, du ton qu'on emploie envers un homme qu'on avait jugé d'une intelligence plus qu'ordinaire, et qui vous semble, tout à coup, ne pas posséder son bon sens.

Je le quittai et revins à ma baraque, songeant tristement aux ravages que la misère, que le malheur produisaient. Cet homme, disais-je avec effroi, passait à juste titre pour une forte tête, et maintenant il est fou... Hélas! que deviendrons-nous donc?

Or, Masson n'était pas fou. Le projet qu'il exécuta avec bonheur ne pouvait mûrir que dans sa tête. Masson ne reparut plus à Cabréra, mais voici son histoire :

Il avait remarqué que les marins espagnols de la chaloupe canonnière se livraient, à certains jours, dans leur sécurité, à des festins à bord qui dégénéraient en orgies. Il en résultait que pendant plusieurs heures la surveillance était nulle. Une fois au courant de cette particularité, il ne s'agissait plus pour Masson que de bien apprécier les circonstances et d'en profiter. Il y allait de sa vie, ni plus, ni moins : c'était peu pour l'arrêter. Un soir, quelqu'un qui l'eût suivi, l'aurait vu glisser le long des rochers, descendre au bord de la mer, se jeter à la nage, atteindre la chaloupe et grimper à ses flancs... et le cœur le plus ferme eût été vivement ému en considérant le péril auquel il s'exposait. Mais quelle n'eût pas été son admiration, en même temps que son anxiété, en voyant cet homme décrocher une chaloupe et se livrer à la grâce de Dieu ! c'est ce qu'exécuta Masson. Ce n'est pas tout : au lieu de s'éloigner avec une précipitation timide, il se rapproche, au contraire, du rivage... Pourquoi ! ah ! c'est que son salut n'est pas le seul qu'il ambitionne. Il y a, dans les anfractuosités des rochers, un ami intime de Masson qui, seul, connaît son projet, et trente-huit ou trente-neuf camarades qu'il veut sauver avec lui. Ils avaient voulu partager les périls qu'il venait de courir, il s'y était opposé : Mes amis, leur avait-il dit, le succès ne dépend point du nombre : si j'échoue, ce sera un malheur que vous tâcherez de réparer ; laissez-moi l'honneur de faire la première tentative, j'ai l'espoir de la conduire à bonne fin. En le voyant revenir ils s'élancèrent à la mer et prirent place à ses côtés ; et les voilà, faisant vaciller et presque disparaître cette frêle embarcation qui n'a pas même de gouvernail ; ce sont tous hommes qui ont bien souffert, ils ne désespèrent point : la confiance de Masson soutient la leur, celui-ci paraît ne pas douter du succès. Mais un peu plus loin, la mer devint grosse; notre courageux fugitif dut s'abandonner entièrement au gré des vagues courroucées. Conserva-t-il cette foi vive qu'il avait montrée jusque-là, ou se livra-t-il à des imprécations contre la Providence qui semblait l'abandonner dans cet instant suprême, après avoir paru sourire à ses efforts? Je puis le dire, il reste ferma et confiant. Sa vie... il y tenait peu ; mais il s'était promis de sauver ses compagnons et d'être l'interprète de ceux qui restaient, dans la patrie où il avait la conviction de faire surgir par le récit de ses souffrances des vengeurs et des libérateurs. C'est ce motif qui le soutint. Du reste, Dieu seul vit les efforts de ces malheureux ; il pouvait seul les sauver : il les sauva. Jetés sur les côtes d'Afrique, leur nudité presque complète les mit à l'abri du pillage, et obtint grâce pour leur vie et leur liberté. Conduits chez le consul de Tanger, celui-ci leur fournit des vêtements et les confia à un corsaire qui se chargea de les conduire à Barcelone. Le mauvais temps l'obligea de relâcher à Péniscola, par bonheur ce petit port était également occupé par les nôtres. Masson va trouver les autorités militaires françaises, leur peint, avec les couleurs les plus touchantes, l'état de ceux qu'il a laissés à Cabréra. Son récit rencontre d'abord l'incrédulité: il répugne d'ajouter foi à des horreurs que l'humanité réprouve ; dans tous les cas, on ne peut changer une pareille situation, les circonstances ne le permettent point. C'est alors que Masson qui s'est fait aimer et admirer du forban, sollicite une faveur en récompense de ses services: il l'obtint à force d'instances. A bord du corsaire qui prend tout à sa charge, il retournera à Cabréra, avec le grenadier qui l'a aidé dans sa première évasion, et il compte assez sur son étoile, pour espérer de délivrer encore quelques captifs. Ils savent parfaitement ce qui leur arrivera s'ils tombent aux mains des Espagnols. La chaloupe canonnière doit être plus vigilante que jamais. De la prudence donc et de l'activité ! le succès couronne encore son audace et sa grandeur d'âme : quarante Cabrériens sont sauvés par lui; mais le temps leur est de nouveau défavorable, ils ne parviennent qu'avec les plus grandes difficultés à s'éloigner avec leur précieux butin, plusieurs fois ils faillirent être pris par nos ennemis mortels; divers pavillons habilement arborés éloignèrent la méfiance. Enfin, ils furent poussés en vue de Barcelone avec pavillon anglais, et l'on se disposait déjà à les mitrailler, lorsque les trois couleurs vinrent annoncer leur véritable nationalité.

Mais hélas! le malheureux devait en quelque sorte être traité plus durement par ses compatriotes que par nos ennemis eux-mêmes. Cette patrie, la France qu'il chérissait si ardemment et dans les bras de laquelle il espérait mourir, il n'obtint même pas d'y rester! et lorsque ceux qu'il avait sauvés obtenaient un avancement considérable, le grade d'officier au moins, il était seulement promu adjudant sous-officier dans le 42e de ligne... Quelques années plus tard, miné par le chagrin, il terminait sa noble carrière... gendarme en Corse!...

Que ce souvenir d'amitié fraternelle te parvienne dans la région glorieuse qui est après cette vie amère, le séjour des grands cœurs comme le tien; puisses-tu y voir cette vieille et loyale franchise que tu sus jadis apprécier; j'espérerais, alors, te voir encore entreprendre une nouvelle croisière au secours des quelques Cabrériens qui, comme moi, sont restés sinon à Cabréra, au moins dans une triste solitude, afin que les martyrs de la querelle des rois soient tous réunis enfin dans le séjour de la liberté.

Ces évasions successives jetèrent l'alarme parmi les marins espagnols, et firent redoubler de surveillance : les Cabrériens de leur côté, semblèrent se redresser de leur apathie. On trouva pendant quelques jours des groupes s'entretenant à voix basse ; mais bientôt toute émulation s'éteignit de nouveau, les officiers seuls ne se laissèrent point abattre. Ils se prirent à vouloir sortir de Cabréra à tout prix. Une infamie fit aboutir d'une façon sinistre une de leurs tentatives.

Ils s'étaient mis à l'œuvre avec un courage et une discrétion sans exemple. La barque sur laquelle ils avaient placé leur suprême espérance était terminée ; nul de nous ne connaissait leur secret. Ils attendaient un moment favorable pour se livrer à la mer, lorsqu'un misérable découvre l'anse où, cachée dans les herbes, stationnait la barque, fruit d'une patience merveilleuse ; il court au commandant de la chaloupe canonnière et lui révèle le secret. Celui-ci, sans perdre de temps, envoie quelques hommes qui, avec leurs haches, eurent bientôt détruit la planche de salut sur laquelle comptaient nos officiers.

Ce Judas, qui je crois n'était pas Français, mais à coup sûr indigne de l'être, acheta, sans doute, quelque misérable faveur par cette lâcheté; quoi qu'il en soit, nous ne le revîmes point à Cabréra, et bien lui en prit; car dans le premier moment d'indignation, c'en était fait de lui!

Malgré cet échec pénible, les officiers conservèrent l'espoir de s'évader tôt ou tard.

Quelques mois après ils ont vu le moment de réussir dans leur dessein. Malheureusement pour eux, nous étions tous intéressés à le faire échouer; car leur salut nous donnait la mort, et la mort causée par la faim!...

Cette fois ils avaient imaginé de s'emparer, non de la barque à l'eau comme les braves marins que nos vœux accompagnèrent; mais de la barque aux vivres.

Depuis quelques jours la mer était grosse, et la barque aux vivres était obligée de rester dans le port après des efforts inutiles pour aborder à Cabréra.

Tous ceux qui absorbaient dans un jour les vivres de quatre, et c'était le plus grand nombre, ne manquaient pas, quand arrivait le jour de distribution, de gravir la montagne, afin de jouir, du plus loin possible, et dans des transes infinies, de la consolante apparition. Mais ce jour-là, le spectacle des Cabrériens avait quelque chose de déchirant. Tous ces malheureux presque nus couronnaient le sommet de la montagne, les regards dirigés vers le même point... haletant d'effroi et d'anxiété. Leurs physionomies offraient l'expression d'une terreur indicible, lorsque la barque repoussée s'éloignait encore. Cette terreur affreuse disparaissait, il est vrai, en partie, lorsque la barque se rapprochait ; mais c'était pour s'accroître l'instant d'après, par une nouvelle évolution rétrograde.

Si des raisons particulières ou les prescriptions du comité de discipline, formé par quelques officiers et un délégué espagnol, appelaient dans une autre partie de l'île, c'était, en quelque sorte, un entr'acte du terrible drame muet qui se déroulait sous nos yeux, et dont le dénouement acquérait, à chaque instant, une importance nouvelle. On quittait sa place en jetant un regard désolé sur la barque, on descendait le flanc rapide de la montagne ; et toujours courant l'on remontait aussitôt qu'on le pouvait, poussé par ce mobile effrayant... de voir la vie s'avancer.

Pour mon compte, j'ai fait plus de dix fois cette ascension qui eût anéanti l'homme le plus vigoureux ;

et pourtant, selon mon habitude, je n'avais pas mangé depuis quatre jours; mes forces étaient depuis longtemps délabrées,... et la barque n'arrivait point...

Quand vint le sixième jour, comme rien n'était changé à notre sort, nous nous laissâmes tomber sur notre grabat, désespérés de vivre, et commençant à songer plus sérieusement que jamais que notre heure était venue. Pour que le temps marchât avec moins de lenteur, nous essayâmes de dormir. Je l'ai dit déjà, nous recherchions dans le sommeil l'oubli des tortures que nous éprouvions; c'était là seulement que nous espérions trouver un peu de calme : hélas! bien souvent ce sommeil bienfaisant, imploré avec tant d'ardeur, n'était qu'une nouvelle déception...

Nous fûmes bientôt plongés, pour la plupart, dans cette prostration effrayante qui est quelquefois le prélude de la rage, sinon le dernier terme de l'existence.

Néanmoins, pour beaucoup, le repos fut salutaire, et rendit la faim moins impérieuse.

Je me souviens qu'en m'éveillant l'idée me vint, énergique comme un dernier espoir, que le pain nous serait distribué le jour suivant.

Le lendemain l'on pouvait contempler un spectacle curieux. Ces hommes qui la veille avaient désespéré, et s'étaient couchés en disant adieu à la vie, paraissaient renaître de la mort, avec des forces nouvelles et quelque grand encouragement!

Ils montaient... nous montions avec une vitesse incroyable. On eût dit que nos yeux surexcités par la fièvre perçaient la montagne, et voyaient au delà, tant nous paraissions sûrs du résultat! Cela paraîtra peut-être incroyable, une espérance si acharnée? C'est réel pourtant... n'était-ce pas notre frêle et unique abri contre la mort!...

La barque se trouvait dans le chenal; mais la mer toujours houleuse rendait l'entrée du port pleine de périls. Aussi, le patron Jouenne, homme plein de prudence, louvoyait et ne s'exposait pas. Enfin, après plusieurs tentatives infructueuses, il y renonça en nous faisant entendre qu'il allait s'enfoncer dans une petite crique, qui se trouvait de l'autre côté de l'île.

Chauffourd était de corvée pour notre petite escouade; mais après son départ nous courûmes sur ses pas, aimant mieux l'accompagner que de l'attendre. Lorsque nous arrivâmes près de la mer, l'on commençait à opérer le déchargement. Tout le monde, ou peu s'en faut, était là. Tout à coup, les officiers débouchent, une centaine à peu près, du creux d'un rocher, se précipitent sur la barque, jettent les Espagnols à la mer, et se disposent à prendre le large...

Nous allions voir s'échapper ainsi notre ressource suprême : les officiers emportaient le pain qui devait nous empêcher de mourir !... Nous ressentîmes un frisson plein d'angoisses : et la bouche béante, nous regardions d'un air de stupéfaction indicible leur tentative audacieuse, lorsqu'un sergent s'écria : Nos officiers nous tuent, camarades ! Défendons-nous ! et ramassant une pierre il la lance vers eux. Il n'en fallait pas davantage. Cet exemple fut suivi par tout le monde, et les officiers furent lapidés avant d'avoir fait un mouvement. Ils se jetèrent promptement à la nage et gagnèrent le rivage, non sans peine : heureusement, nous fûmes distraits de cette exécution par la distribution, qui recommençait ; car leur supplice eût duré plus longtemps ! malgré cela plusieurs officiers eurent, dès lors, cessé de souffrir !...

Ce résultat, qu'il m'est impossible d'appeler funeste, fut dû à leur imprévoyance ; s'ils avaient songé à couper un petit câble qui retenait la barque, ils se trouvaient, en un instant, hors de notre portée. Nous nous serions alors trouvés en butte aux vengeances espagnoles : nous nous souvenions encore que depuis la disparition de la barque à l'eau, nous n'en avions plus reçu.

Les vivres étant distribués, la barque repartit : nous ne songions pas que Jouenne nous gardait rancune ; il ne tarda guère à nous en donner des preuves.

Deux capitaines faisaient alternativement le service de Cabréra : celui dont je viens de parler, et un autre nommé Mathéot.

Ce dernier, honnête homme et d'un cœur excellent, avait en quelques circonstances acquis des droits à notre gratitude. Il se distinguait, surtout, par l'exactitude la plus scrupuleuse. Le quatrième jour, nous le vîmes, sans surprise, aborder à Cabréra ; mais le tour de Jouenne vint bientôt nous montrer sa perfidie !

Le quatrième jour, la barque n'arriva point. Le cinquième et le sixième se passèrent à attendre vainement !...

Nous allions au sommet de la montagne dès le matin, et là, nous étendant sur le sol, les regards fixés vers Mayorque, nous restions silencieux et immobiles... Ceux qui absorbaient en un jour tous leurs vivres commençaient à mourir ! Tout le monde, du reste, était à bout; une migraine atroce nous torturait et nos membres allanguis et décharnés nous refusaient tout service. Le septième jour arrivait à sa fin.

Le curé Damien ouvrit alors l'avis de tuer Martin... La faim avec toutes ses horreurs ne put nous faire envisager cette proposition de sang-froid : c'était à qui se rappellerait les qualités de ce pauvre animal, les services qu'il nous avait rendus; son dévouement... Enfin !... il fut sacrifié !

Chaque homme reçut trois quarts d'once de sa chair, avec laquelle nous fîmes un bouillon qui nous procura quelque soulagement.

Singulière puissance de la sympathie que, là-bas, loin du monde, nous éprouvions pour ce pauvre Martin, notre fidèle ami et serviteur ! Je me souviens d'un serrement de cœur inexprimable en absorbant ce mets étrange ; et comme si c'eût été de la chair humaine, je frissonnais comme d'un crime...

Ce sentiment fera peut-être sourire, car on restera tout à fait en dehors du véritable point de vue qui nous le rendit si naturel. Mais, interrogez les quelques Cabrériens qui traînent encore en France leur existence pénible, et ils répondront à votre sourire ironique, en essuyant une larme que ce souvenir leur arrachera.

Enfin huit jours s'écoulèrent sans que notre position fût changée... Nous allions donc mourir de faim?...

C'est alors que Desessarts se tournant vers Chauffourd lui dit d'un ton ferme : — Tiens, mon ami, je vois que les Espagnols nous ont condamnés à mourir de faim et veulent nous réduire à nous dévorer les uns les autres.

Je ne veux point attenter à tes jours, mon pauvre Chauffourd, ni toi aux miens! mais, comme nous n'avons pas de maladie, le premier qui succombera servira de pâture aux survivants...

— Pour moi, j'aimerais mieux mourir que de me nourrir de la chair de mon semblable ! ah ! jurons plutôt de nous tuer, lorsque les souffrances, devenant trop atroces, pourraient nous faire redouter l'accomplissement de ces horreurs. Nous le jurâmes tous les quatre... hélas! il y en avait qui n'auraient pas eu ces scrupules !

Après cette résolution suprême, nous nous trouvâmes moins torturés par nos malheurs présents. La faim eut, si l'on peut parler ainsi, de plus douces violences. Une lueur du passé éclaira pour un instant nos âmes, nous dîmes un adieu cruel aux figures sacrées que nous venions d'évoquer pour la dernière fois...

La famille! la patrie! ces deux divinités révérées... dont le culte pieux offre tant de douceur! Nous eûmes un moment d'orgueil en songeant que nous avions souffert pour notre patrie, que nous mourions pour elle et que jamais une imprécation n'était venue ternir la pureté de notre martyre!

Quoiqu'il en soit, nous étions déjà, pour la plupart, dans l'affaissement de l'agonie!

J'imagine que le patron Jouenne aura fait un rapport vindicatif au capitaine général de Palma et que nous aurons été condamnés à cette infernale punition.

Nous n'avions pas mérité ce traitement, grand Dieu! puisque c'était grâce à nos efforts que le projet des officiers avait échoué. S'il y avait des coupables... c'étaient les officiers et non pas nous; c'était donc sur eux que devaient retomber les châtiments... Mais je veux raisonner selon la justice, et les Espagnols avec nous n'ont jamais écouté que leur haine!

Le matin du neuvième jour était arrivé. Notre

anéantissement était effrayant! A peine avions-nous conscience de notre existence, et dans notre cerveau, plein des hallucinations d'une fièvre brûlante, se traçaient les tableaux les plus fantastiques! Diverses circonstances de notre vie reparaissaient, pour ainsi dire, tangibles; mais dans des proportions étranges! Le dîner simple de la barrière, suivi de quelque joyeuse contredanse, se transformait en festins somptueux et en soirées éblouissantes!

Seulement alors, on éprouvait la contrainte pénible, par exemple, quand on a bien faim, d'attendre l'heure de se mettre à table, et d'en être réduit à couver des yeux, indéfiniment... les mets qui vous attirent le plus!

Étendus, mes compagnons et moi, dans notre grotte souterraine, nous songions peut-être passivement encore; mais nous n'avions plus d'activité...

Tout à coup : — N'as-tu pas entendu, Chauffourd? m'écriai-je réveillé en sursaut.

— Entendu...? — Quoi...? demanda-t-il.

— Mais, ce cri qui vient du port...!

— Non! fit-il brusquement, et il reprit son rêve inachevé...

Pour moi, je prêtai toute mon attention, et j'attendis... Cela ne dura qu'un instant ; car à peine me demandais-je qui pouvait ainsi troubler la tranquillité de notre tombeau, que les clameurs recommencèrent...

C'était quelque chose de saisissant, comme l'expression d'un délire universel ! Je remuai mes compagnons, et leur indiquant du geste le côté vers lequel se trouvait le grand camp :

— Entendez-vous ?

— Sont-ils encore engloutis sous une tempête ? cria Desessarts.

— Oh ! non, m'écriai-je ; car ce sont là des cris de joie... !

— De la joie ! dit alors Chauffourd en se dressant, l'œil en feu : oh ! si c'était du pain...!!!

Et sortant aussitôt et nous glissant avec effort le long des tentes du grand camp, plus rapprochées du rivage, où le bruit augmentait mêlé de quelques vociférations, nous ressemblions à ces êtres évoqués par quelque fée pour intimider les mortels : qui ont la forme d'un squelette, les yeux étincelants, et qui vont par les sentiers abruptes former quelque diabolique sabbat !

Une fois que ce pain, pour ainsi dire inattendu, fut distribué, nous nous retirâmes dans notre grotte en l'emportant précieusement, et sans le dévorer en route !

On dirait que l'homme est fait ainsi, que pour savourer une joie immense, il lui faille ses aises. C'est ainsi, par exemple, qu'une lettre impatiemment attendue, reste intacte sur notre cœur, le temps de gagner le lieu ou la promenade que nous affectionnons.

C'est que dans ces circonstances suprêmes, on veut, pour ainsi dire, se mettre à l'abri du hasard ; et on ne court dans ce lieu isolé et connu que dans la crainte d'être distrait du plaisir qu'on se promet par quelques préoccupations extérieures.

Notre faim semblait avoir disparu : notre poitrine se dilatait !

Nous partageâmes nos quatre rations avec une minutieuse exactitude ; puis, nous étant étendus dans la posture accoutumée, nous commençâmes à nous livrer à notre appétit.

Nous mangeâmes sans avidité, avec délices, mais sans répit, tout le jour : jusqu'à ce qu'enfin la disparition complète de nos vivres vînt refroidir notre courage... Notre gourmandise n'eut aucun résultat fâcheux; il n'en fut pas de même au grand camp, où beaucoup s'étouffèrent par trop de voracité.

Ce fut à peu près vers cette époque que nous quittâmes notre caverne, et la baraque que nous avions construite auprès, pour nous rapprocher de notre compagnie. Elle occupait la colline qui dominait le chemin de la cambuse, à quelque distance de la chapelle. Cette colline offrait, pour principal attrait, d'être située en face de la rade. Nous nous trouvâmes ainsi plus près du fort et, par conséquent, plus à même d'y monter le quatrième jour.

Parlerai-je des actes coupables que commettaient, rarement, il est vrai, mais enfin, que commettaient parfois quelques Cabrériens? La misère sapait les âmes et les diminuait; la faim étouffait parfois l'honneur!

J'en citerai un seul exemple : un camarade, nommé H..., qui s'était séparé de nous, profita, un jour de distribution, de l'absence de quatre hommes de sa baraque pour s'emparer de leur pain, et avisa aux moyens de se l'approprier. Les victimes de ce vol odieux l'ayant surpris, se saisirent de sa personne, et le conduisirent avec les pièces de conviction devant l'un des commissaires. Celui-ci, après lui avoir montré tout ce que sa conduite avait d'infâme, car c'était un véritable homicide, manda quatre gendarmes et un schlagueur pour lui faire appliquer vingt-cinq coups de savate...

Chauffourd, Dubreuille, Nérelle et Desessarts furent les gendarmes, moi, je fus schlagueur; mais au lieu de vingt-cinq coups de savate (nous n'en avions pas), je lui administrai vingt-cinq coups d'une racine grosse comme le doigt et longue de deux pieds.

Il est inutile de dire que j'ai adouci la punition autant que j'ai pu, saisi d'horreur pour le crime de cet homme; mais, me souvenant avec effroi, des pensées terribles exprimées naguère par les plus généreux de notre baraque.

Quoi qu'il en soit, H... ayant reçu sa correction, et ceux qui l'avaient amené étant partis, nous l'emmenâmes avec nous, en le moralisant à la manière du soldat : c'est-à-dire, en quelques paroles énergiques, après lesquelles il y a oubli de la faute, s'il y a sincérité du repentir...

— Camarade, fais comme moi, lui dis-je cordialement, je mange tous mes vivres le premier jour, et puis après... ma foi, j'oublie, si je peux ; car mes pensées ne sont pas gaies... mais je préférerais avaler un pruneau que de dérober une gourgane à un particulier! nous t'avons estimé tant que tu n'as pas dérogé à l'honneur du soldat français... reste avec nous. Il y resta en effet pendant six semaines, taciturne, ne sortant que pour faire ses corvées ; au bout de ce temps il nous quitta de nouveau, pour se joindre à une vingtaine de malfaiteurs qui s'étaient associés pour le vol...

Cette nouvelle infamie ne lui réussit guère, car au bout d'un mois il tomba entre nos mains avec deux de ses acolytes. Nous les conduisîmes tous les trois sur ce que nous nommions la place du Palais Royal, où ils furent attachés à des piloris de hauteur d'homme.

La fatalité parut concourir à perdre ce malheureux H... Un commissaire espagnol était à Cabréra au moment de son arrestation, il saisit cette occasion d'exercer un acte de cruauté auquel je n'ai pas besoin de déclarer que nous ne nous associâmes point, bien que nous fussions seuls intéressés à épouvanter les voleurs.

Je veux le raconter, car c'est encore un de ces traits sous lesquels la haine que les Espagnols nous portaient, apparaît dans tout son jour. A côté de la torture qu'ils nous faisaient subir en masse, ce délégué, saisissant le prétexte qui s'offrait à lui, et comme pour accomplir un acte de justice, y soumit plus particulièrement le malheureux H... et ses complices. Ils étaient attachés à ces piloris de la place du Palais-Royal, pour subir la honte d'une exposition publique ; l'Espagnol apprend ce qui s'est passé, il désire savoir d'eux les noms encore ignorés d'autres coupables. Quelques soldats espagnols lui servent d'escorte, il emploie d'abord divers moyens de douceur pour obtenir des révélations, mais en vain ; il ordonne à ses gens de leur couper le bout de l'oreille, ce qui s'exécute avec aussi peu de succès... Alors, il ordonne de leur passer à la gorge un nœud coulant muni d'un tourniquet, puis il fait serrer, et puis encore...

Déjà leurs yeux s'injectaient de sang et sortaient de leurs orbites... leur figure était livide !... H... fait signe qu'il va parler, — nous crions grâce !... on le délivre... Il était trop tard : il s'affaisse et semble expirer.

Ce spectacle nous avait pénétrés d'horreur : nous aurons peut-être à nous reprocher la cruauté de la colère, dans un premier moment d'exaspération ;

mais, cette cruauté froide, cette torture empruntée aux siècles de barbarie et que la civilisation a fait disparaître, renaissant sous nos yeux, nous apporta une douleur de plus : douleur poignante; car il nous semblait que nous avions accepté la solidarité de cette barbarie en en restant les spectateurs muets et résignés... Le crime du coupable était effacé de notre mémoire. Il n'y avait plus qu'un Français assassiné par les Espagnols! comme nous déplorions notre impuissance!... Hélas! elle n'était que trop réelle : aussi nous éloignâmes-nous pour la plupart de ce lieu d'horreur au moment où le délégué espagnol ordonnait à quatre hommes de sa troupe de porter le cadavre sur la colline des morts et de l'enterrer. Cet ordre s'exécute, on prend les restes du malheureux H...; mais durant le trajet ses membres tressaillent!... Était-ce le dernier terme de son agonie? un des quatre hommes s'enfuit épouvanté; mais les autres continuent d'accomplir leur mission. Arrivés au sommet de la colline, ils creusent une fosse peu profonde, y déposent le corps frémissant, le recouvrent de terre, et pour plus de sécurité, ils roulent dessus une pierre énorme.....

Les deux autres malfaiteurs avaient été relâchés,

mais la leçon leur fut inutile, car à quelque temps de là, surpris au moment où ils allaient pénétrer dans un jardin, ils furent broyés à coups de pierres!

Cet exemple terrible et déplorable autant que nécessaire rétablit enfin la sécurité : nous n'entendîmes plus parler de leurs complices.

Il nous restait bien encore quelques voleurs de feuilles de chou ; quand nous les attrapions, nous les conduisions à M. Vial, capitaine de dragons qui était alors gouverneur; et ils étaient condamnés à deux heures de carcan avec les objets volés attachés au-dessus de leurs têtes.

A ce point de mon récit, je suis obligé de faire un pas en arrière, afin d'embrasser le passé en quelque sorte d'un coup d'œil. Jusqu'ici j'ai raconté les effets de la misère et du dénûment; je n'ai pas assez tenu compte des causes qui les avaient produits. Me laissant aller au cours de mes souvenirs, je n'ai point coordonné mon récit tel qu'on voudrait le voir peut-être? L'artiste est resté au-dessous de sa tâche... Les détails offrent, sans doute, de l'intérêt; mais le tableau général, — où se trouve-t-il?... Vieillard compatissant, n'avais-tu pas promis l'histoire des Cabrériens martyrs ? — Comment se fait-il que ce soit plutôt l'histoire d'un homme que tu racontes? — Comment se fait-il, que te plaçant de côté, tu ne donnes qu'une partie de cette sombre toile que tu nous promettais, et dont on ne peut dessiner les grands traits qu'en l'envisageant de front et dans son ensemble?

Mais je m'oublie; ces critiques que je redoute, je ne les essuierai point. Mes pauvres compagnons auxquels ce récit s'adresse, me sauront gré de mes efforts et suppléeront facilement à leur impuissance. Eh! mon Dieu! un mot, pour eux, ne rappelle-t-il pas toute une histoire? Ne suffit-il pas, ô mes amis! dites, pour arracher vos larmes sympathiques, de vous citer des faits connus de vous seuls et qui vous montrent un ami, un frère, venant vous adresser un souvenir de cette vieille amitié, amitié sainte et sacrée qui a pris naissance dans notre longue communauté de souffrances?

Quant à ces autres amis aussi que la connaissance de notre malheur poussera à en sonder les secrets, ils seront touchés quand même : mon cœur vibrant au souvenir du passé m'en assure. Qu'exigeraient-ils d'un vieillard qui les entretient de son martyre passé, afin de s'endormir hélas! à ce martyre nouveau et de chaque jour, conséquence inévitable d'un isolement bien triste et de forces délabrées.

Un mot cependant :

Quand nous fûmes déposés dans cette île déserte et aride dont l'aspect morne navrait le cœur, nous étions déjà, pour la plupart dans un grand anéantissement physique et moral. Trois mois de séjour sur les pontons, que j'ai essayé de décrire; en fallait-il davantage à des infortunés qui avaient subi toutes les conséquences d'un revers dans la fanatique Espagne?

Placés dans un pays fertile et attrayant, je ne parle pas de la patrie, je doute que nous eussions pu renaître sans un temps bien long à cette activité nerveuse qui distingue les Français. A plus forte raison, privés de tout agrément, que dis-je? de tout ce qui était strictement nécessaire à notre existence, nous dûmes tomber plus avant encore dans cette incurie et ce marasme qui succèdent à l'espérance. Sauf les premiers jours où une curiosité maladive nous fit parcourir notre désert pour en bien connaître tous les points, ou peut-être encore poussés par cette arrière-pensée que nous allions découvrir quelque chose d'heureux, nous nous plongeâmes dans le sommeil qui seul nous apportait quelque soulagement en nous arrachant à l'agitation de nos pensées.

— Lorsque cette jouissance, en quelque sorte passive, nous manquait, nous allions fouiller dans nos huttes pour prendre le pain du lendemain que nous mangions lentement et avec indifférence, jusqu'à ce qu'il n'y en eût plus... Hélas! notre tête alourdie par la fatigue de notre estomac tombait alors, et pour plusieurs heures nous avions l'oubli tant désiré.

C'est là à peu près la gradation par laquelle nous en arrivâmes, en général, à manger nos vivres de quatre jours en un seul.

Je ne chercherai point à rendre la physionomie des trois jours suivants. Plusieurs milliers d'hommes que la faim assiége, offrent un spectacle terrible et navrant. On les voit courir çà et là, en faisant des mouvements désordonnés. Ils se couchent n'importe où, se cachent la figure en croisant leurs bras pardessus, et essayent de dormir : ils ne le peuvent. Un ver les ronge... Ils se redressent, en plusieurs temps, en regardant autour d'eux comme s'ils cherchaient avant de quitter cette place une place meilleure. Ils se lèvent enfin tout à fait, font quelques pas en paraissant interroger l'espace qui les entoure avec l'inquiétude de la terreur... Leur cœur se gonfle et les étouffe. Ils exhalent un sanglot qui fait frissonner, tant il exprime de découragement. Ils pensent à vivre pourtant, et n'ont rien pour manger; et sans manger l'on ne peut vivre. Ils baissent les yeux à terre, et cherchent avidement s'il n'y a pas quelque aliment ignoré. Ils remuent les pierres d'abord lentement, puis avec une espèce de fureur, et de nouveaux sanglots s'échappent de leur poitrine aride... Oh! malheur! ces sanglots changent de nature... Comme la figure de ces malheureux s'altère sous les convulsions d'un mal subit! comme leurs membres sont agités violemment et par intervalles. Leurs bras pressent leur poitrine qui semble déchirée par la souffrance, et leurs yeux se portent en avant, d'abord en exprimant une douleur poignante et le découragement. Mais bientôt ils deviennent hagards et vitreux. Leurs bras qui, tout à l'heure paraissaient un peu calmer la violence du mal en en comprimant le foyer, se laissent aller à l'abandon, et subissent toutes les secousses qu'ils ont un instant adoucies. Leur sanglot s'élève : on le prendrait pour un râle horrible. Les malheureux tombent enfin, et se roulent sur le sol en grinçant les dents avec rage! On croirait que ce sont des épileptiques, point; ces malheureux ont le hoquet à Cabréra... Voilà tout! Ils en meurent quelquefois; d'autres fois en grinçant les dents, la respiration se ralentit et le hoquet s'arrête; d'autres fois encore en se roulant, ils rencontrent une herbe fraîche : ils l'arrachent, la mordent et la broient sous leurs dents agitées, aspirent tout ce qu'elle peut renfermer d'humidité, et sont soulagés...!

L'eau pure leur manquait pour remédier à ce mal atroce. Il n'y avait à Cabréra qu'une eau saumâtre qui brûlait la poitrine au lieu de la rafraîchir. Une faible source ne servait qu'à leur en faire sentir plus vivement la privation.

Pourtant c'est dans ce lieu qu'ils devront vivre désormais, les malheureux! privés de tout ce qui est nécessaire à la vie; ils n'auront bientôt plus même les vêtements qui les abritent encore contre une température tropicale. Trop heureux maintenant, ils peuvent parcourir leur rocher et si, par hasard, ils rencontrent un ombrage, ils peuvent s'y étendre et dormir sous l'œil de Dieu! Bientôt, beaucoup ne le pourront plus. Les vêtements qu'ils ont apportés, mûrs d'avance, ne résistent pas longtemps à ce frottement continuel de la pierre aiguë... Ils tombent en loques ! Leur corps amaigri apparaît sur plusieurs points. Sans courage pour se raccommoder, ou plutôt, sans moyens de le faire, ils sont bientôt dans un état de nudité qui augmente leur misère et en rend l'aspect plus terrible et plus saisissant. Voyez Cabréra, alors, et vous vous demanderez quels sont les criminels odieux qu'on traite avec tant de dureté, sans doute ils ont commis les crimes les plus atroces : mangé des enfants, tué leurs mères?... Non, mon Dieu ! ces malheureux sont des Français, prisonniers de guerre aux mains des Espagnols...

Le sommet de la colline située vis-à-vis de la rade, était le lieu le plus fréquenté. Couverte de ces infortunés que rien d'humain, en quelque sorte, ne caractérise, elle apparaissait de loin comme un de ces dépôts où les malheureux étalent les lambeaux sordides qu'ils ont ramassés dans l'ordure ! mais ces êtres se meuvent et chose étrange, quoiqu'ils se connaissent tous et se plaignent, la honte les saisit, leur nudité les déconcerte... Un mot terrible qui les désigne a été prononcé. Ces malheureux qui sont nus, ne sont plus des camarades auxquels on serre la main ; ce sont des êtres maudits qu'on évite, ce sont des *rafalés!*... Ce mot s'attache à eux comme un stigmate. Ils cherchent les lieux ignorés, s'y abritent contre cette infortune nouvelle, et n'en sortent plus. Il en est qui creusent des cavernes avec leurs ongles et s'y ensevelissent, en quelque sorte ; d'autres plus heureux en trouvent qui furent creusées par la nature.

Il y avait alors à Cabréra une masse effrayante de rafalés. Ils formaient la partie la plus misérable d'entre nous. Un nombre considérable de ces malheureux occupaient une grotte voisine de la cambuse. Ils ne possédaient en tout que deux vêtements dont ils se servaient tour à tour pour faire les corvées.

Du reste, entre tous les Cabrériens la différence était minime ; à vrai dire, nous étions tous des rafalés ! Plusieurs centaines d'entre nous ne possédaient que quelques haillons. Depuis longtemps les chemises, les chaussures étaient effacées des mémoires même les plus fidèles ! ma garde-robe se composait d'une petite veste et d'un pantalon de drap que j'avais eu le bonheur de recevoir au commencement de notre captivité, dans un de nos cantonnements. Jugez dans quel état il devait être ? c'était un lambeau ! Beaucoup n'avaient qu'un des objets ;

aux plus heureux, c'était la veste qui manquait.....

Je me souviens d'avoir vu, un jour, un phénomène à Cabréra, ce phénomène était un de mes camarades, nommé Senard, qui faisait durer sa ration trois jours ! Je n'eus rien de plus pressé que de lui emprunter sa recette, dont je tentai vainement de faire usage; la voici : Le premier jour il absorbait trois rations de pain et ses gourganes. Le deuxième jour, il avait la force de diviser la quatrième ration dont il réservait la moitié pour le lendemain. Ceci est un trait de courage, dont il est peu de personnes en mesure d'apprécier la force convenablement. Il faut avoir été à Cabréra, et pendant six ans !

Senard, à la fin du troisième jour, avait faim, sans doute; mais cette petite quantité de nourriture suffisait à le soutenir le lendemain, tandis que nous...

Un autre nommé Philippeaux, en avait pour deux jours seulement, au bout desquels il passait son temps à chercher des racines assez malfaisantes, mais que nous dévorions pourtant et que nous désignâmes sous le nom de patates. Il faisait encore la chasse aux lézards comme je m'accoutumai moi-même à la faire aux souris et aux rats, que je prenais avec un piége de mon invention.

Un jour ma chasse fut heureuse ; je pris un rat superbe ! obligé d'aller chercher du bois, je le déposai dans la baraque, rêvant déjà aux douceurs qui m'attendaient au retour... mais en arrivant Dufour me donna cette agréable nouvelle :

— Desessarts a mangé ton rat... — Il a mangé mon rat ?... m'écriai-je, avec un serrement de cœur inexprimable. A la vérité, c'était là une pilule un peu forte ; j'étais furieux ! — Si je me suis bien fait comprendre, ma douleur sera facilement expliquée : le plus misérable aliment n'était-il pas pour nous d'un prix immense ? — Aussitôt qu'il parut, je lui cherchai querelle ; il se mit à me rire au nez !... ma colère redoubla : tous les trois éclatèrent ! ! !... J'étais stupéfait... quand, tout à coup, Desessarts va prendre mon rat qu'il avait caché et me le donne...

Décrire ma joie serait impossible, je pensai suffoquer ! Je le lui aurais donné avec joie tout entier... Enfin prenant un *mezzo-termine,* je lui dis cordialement : — Camarade, merci à toi ! et maintenant à nous deux. Sa cruelle plaisanterie lui valut de prendre part au festin préparé pour moi seul...

ne riez pas! quoique sans vivres depuis trois jours, il avait résisté à la tentation diabolique de le manger sans moi!... C'est là de la vertu, ou je me trompe fort.

Au milieu de ces misères dont je m'efforce de donner une idée seulement, car je sens qu'il faudrait une main plus ferme pour en tracer le tableau complet, nous étions arrivés, Dieu sait comme, à l'année 1811.

Nous fûmes distraits de nos préoccupations faméliques par un événement extraordinaire... Plusieurs bâtiments marchands entraient dans le port! grand émoi! terrible anxiété! que venait-on faire dans un port désert? Étions-nous enfin arrivés aux extrêmes limites des jours néfastes? quel changement heureux, ou mieux, quelle nouvelle déception nous présageait cette visite étrange? Bientôt nous sûmes à quoi nous en tenir. Cette flottille venait chercher nos officiers pour les transférer en Angleterre. Ce jour-là, nous attendions la barque, elle arrive en effet; mais les Espagnols se refusent à débarquer les vivres avant le départ de ceux qu'on est venu chercher. Pourtant les officiers ayant représenté que nous n'avions pas mangé depuis quatre jours et qu'il fallait nous donner tout de suite au moins un pain par homme, on y consentit, puis nos officiers s'embarquèrent sans regretter Cabréra.

Trois jours après un autre convoi vint déposer de nouveaux prisonniers dans la partie de l'île opposée à celle où nous nous trouvions, malgré le refus exprimé à cet égard par le capitaine général de Palma. Saisi d'un mouvement d'humanité bien rare chez ses concitoyens, il ne pouvait se résoudre à accumuler un plus grand nombre d'hommes sur le rocher de Cabréra.

Comme nous avions été traités, ils le furent; on les abandonna sans pain !

Ces infortunés au nombre de douze cents, se réfugièrent du côté de l'*île des Lapins,* dans une grotte magnifique et spacieuse que son éloignement du port nous avait seul empêchés d'occuper.

Le lendemain de leur arrivée, on nous fit une distribution cruellement arbitraire; c'est-à-dire, que nous ne reçûmes qu'une partie de notre ration habituelle afin d'économiser celle des autres...

Nous ne murmurâmes point contre eux ; et prenant le Ciel à témoin de la dureté qu'il y avait à nous traiter ainsi, notre cœur nous montra ces camarades que moins d'habitude rendrait plus sensibles encore à de telles privations, et nous pleurâmes sur leur sort... le nôtre nous paraissant irréparable depuis bien longtemps !

Le départ des officiers jeta quelque perturbation dans nos habitudes : en somme, il en résulta pour nous et pour les nouveaux venus un léger avantage. Nous nous emparâmes de leurs baraques qui étaient plus soignées et plus commodes que celles que nous quittions, et qui devinrent l'apanage de nos nouveaux frères en adversité !

Il y avait parmi ces derniers deux compagnies du 121ᵉ de ligne, qui formèrent un campement sur la colline où nous avions construit cette baraque superbe que l'orage nous força d'abandonner.

On le désigna sous le nom de petit camp, ou colline du 121ᵉ.

La baraque dont nous nous étions emparés mes camarades et moi, était grande et belle ; nous pûmes prendre quatre nouveaux compagnons, sans nous mettre à l'étroit : ce furent deux Français et deux Allemands appartenant tous les quatre au 122ᵉ de ligne.

Les premiers jours qu'ils passèrent avec nous furent pour eux féconds en surprises. L'absorption instantanée de nos vivres, par exemple, les jetait dans une extrême stupéfaction. Comment, disaient-ils, pouvez-vous manger en un jour deux pains entiers et seize onces de fèves, et rester ensuite trois jours à une diète aussi absolue?.. Il leur semblait que nous devions ainsi mourir de gourmandise ou d'inanition!

Si nous leurs disions qu'ils étaient à bonne école, et que dans peu ils nous imiteraient, ils criaient à l'impossible; mais, à la vérité, ils faisaient comme nous au bout d'un mois!...

Des deux Allemands qui étaient avec nous, l'un était sapeur. Ce pauvre malheureux tomba dans un tel affaissement qu'il ne quittait jamais la baraque pour aucune corvée. Son camarade les faisait quelquefois pour lui; mais le plus souvent c'était nous-mêmes, surtout quand il s'agissait d'aller chercher du bois. Il y avait si loin, et puis, nous étions plus au fait... Ce pauvre jeune homme nous intéressait, et pour tâcher de le ranimer, nous voulions lui montrer notre sympathie! hélas! c'était en vain! Il restait auprès du feu du matin jusqu'au soir. Accoudé sur ses genoux et la tête dans ses mains, il s'abîmait dans ses rêveries...

Cela ne dura pas longtemps. Quelques jours encore, et nous le conduisions à l'hôpital où il ne tarda guère à mourir.

Son camarade fut moins affecté que nous de cette mort. C'était une de ces natures compactes que rien ne pénètre à fond !... C'était, du reste, une faveur du sort, qui, le destinant à partager nos misères, l'avait doué du tempérament le plus convenable pour les surmonter.

Avez-vous éprouvé des malheurs qui vous aient assombri l'âme? Vous sauriez qu'il est des jours où l'on ressent tout à coup et sans raison des impressions étranges et inexplicables... des rayons d'allégresse soudaine ! Est-ce le repos, ou le rêve de la nuit, qui a produit ce calme inaccoutumé? On n'en sait rien ; mais on le constate ; on se sent plus léger, mieux résolu. C'est alors qu'on envisage sa manière d'être et qu'on se sent disposé à accomplir les énergiques réformes.

C'est ainsi que je me trouvai, un jour de distribution de cette lointaine année 1811. Je me sentais tout dispos et d'agréables pensées renaissaient, pour la première fois, depuis bien longtemps, dans mon cœur ! je me dis alors, qu'une partie des souffrances que j'endurais provenait d'un manque absolu de prévoyance et d'énergie.

Pourquoi ne pas imiter la force de Senard, en conservant le pain du lendemain. Le nom de phénomène que je lui attribuais, n'était-il pas une ruse de ma lâcheté?

C'en est donc fait; désormais je dompterai une habitude funeste : n'y va-t-il pas de la vie ! Pour commencer, je mis mes gourganes à part, à tremper. Ce sera pour demain... ne tentons pas trop, d'abord, afin de réussir...

Effort pénible ! je ne pouvais oublier que de succulentes gourganes étaient là sous ma main, à ma discrétion. Mon imagination leur prêtait une saveur inouïe, et comme argument péremptoire, elle me faisait voir une main furtive ravissant mon trésor, et mon économie ne servant qu'à provoquer une mauvaise action !...

Je voulais des gourganes pour le lendemain : je tins ferme... Le soir était venu; et sur cette couche si dure où le sommeil m'avait si souvent apporté l'oubli et les rêves menteurs, pour la première fois, je ne pus fermer les yeux. J'entendais, à mon oreille, les gourganes se dilater...

Voyons-les un peu, ces pauvres gourganes que je néglige ; elles semblent me dire bonsoir ! comme elles sont belles ! L'eau les a rendues plus grosses : goûtons-y... Une ou deux cuites sous la cendre... c'est bien peu... que je serai content de moi demain !...

Hélas ! cuites à point, je les trouvai si délicieuses que... enfin, je l'ai dit, déjà, on le voit : c'était la vie au jour le jour, dans sa plus fatale acception !

Il n'y avait plus moyen de penser au lendemain !

Plus je songe à ce temps plein d'horreur, plus mon étonnement s'accroît en présence de notre apathie !

Il me semble maintenant que nous eussions dû chercher plus de distractions, inventer des jeux, que sais-je ? pour oublier !

Mais quand on n'espère plus, on n'agit plus, si ce n'est talonné par les aiguillons intolérables des premiers besoins. Les malheureux ignorent l'enthousiasme, et nous étions si malheureux !

Ici, j'éprouve le besoin d'abandonner un instant mon vieil ami, pour émettre sur son compte une réflexion qui m'est souvent venue à l'esprit en parcourant avec lui les différentes phases de sa cruelle Odyssée. Je me demande quelle était donc la situation des Cabrériens pour avoir pu plonger dans la torpeur un caractère aussi heureusement doué. Ceux qui l'ont connu dans sa jeunesse vantent encore sa prodigieuse activité ; et maintenant, ce soldat qui vous confesse une apathie profonde, je le vois chaque jour utilisant des journées longues et pénibles en accomplissant des tâches bien dures pour ses bras : il est joyeux ! si toutefois l'on peut appeler ainsi cette douce sérénité empreinte sur sa figure et que les ennuis d'une position pénible rendent plus saisissante encore. Jamais on ne surprendra chez mon ami un mouvement d'impatience ou d'aigreur. On dirait qu'il envisage désormais toutes les choses de ce monde à travers le prisme de ses souffrances passées ! Dans une circonstance unique j'ai vu sa physionomie exprimer un singulier attendrissement ; des larmes perler à ses paupières desséchées... c'est le jour où mon affection pour lui s'est traduite par un serrement de main respectueux, filial ! ce pauvre ami ! la souffrance : il en connaît les nuances les plus diverses et la sympathie lui a si longtemps manqué !

A Cabréra, qu'il devait souffrir ! son cœur est affectueux et nous l'avons vu déplorer d'une manière déchirante la mort d'un ami ; plus tard ses affections furent froissées dans l'île déserte. Des cœurs indignes de comprendre le sien finiront par le fermer. Il n'osera plus se livrer à l'amitié qui elle aussi a été pour lui une source de déceptions. Il ne conservera qu'un seul amour, mais immense et embrassant tout... l'amour de la France ! plus tard il nous donnera une preuve de la grandeur de ce sentiment. Libre de fait, mais captif encore, un mensonge, auquel il est étranger le faisant passer pour Allemand lui a permis de sortir de Cabréra... La haine des Espagnols contre nous est toujours aussi acharnée. Un mot peut donc le perdre... une question terrible lui est adressée alors : — Vous êtes Allemand ? lui dit-on. — Moi, s'écrie-t-il, je suis Français, je suis Français ! que ce nom pour lequel j'ai tant souffert est doux à porter ! et l'Espagnol, frappé de son accent, lui répond lentement, de l'air d'un homme qui songe et sans animosité : Oui, tu es bien Français ! oh ! oui...

Mais ce sentiment fera croître son martyre ; car tout amour vit d'espérance ; et l'espérance s'est échappée comme tout le reste, pour lui ôter la force de vivre. Mais alors, s'il m'est permis de scruter un peu la nature, cet anéantissement moral devait aussi lui enlever la force de mourir. Le moteur de ces existences atteintes, en quelque sorte de crétinisme, ne fut plus que ce sentiment brutal qui fait errer les animaux pour trouver leur nourriture… Ils cherchaient leur nourriture, les Cabrériens ; puis ils n'aspiraient qu'à oublier dans un repos plein d'hallucinations les vicissitudes de l'existence !

Mais écoutons mon vieil ami. Un jour, dit-il, je fus saisi d'une faim canine ; il y en avait trois que je n'avais mangé ! je souffrais à mordre les pierres… je me souvins, en ce moment, qu'un de mes camarades, d'un tempérament moins exigeant, avait parfois de précieux restes. J'allai le trouver et le suppliai de me venir en aide, s'il le pouvait. Il mit à ma disposition quelques gourganes, à la condition de les lui rendre le plus tôt possible. Possesseur de ce trésor, je courus à ma baraque faire un bouillon avec de l'eau et un peu de sel, et je fus soulagé…

Quand la distribution prochaine fut faite, je n'eus rien de plus pressé que de courir avec mes gourganes chez le camarade. Je le priai instamment de prendre celles qui lui conviendraient, avec l'intérêt ; mais il ne voulut prendre que les petites et pas une de plus qu'il ne m'en avait prêté. Me prends-tu pour un juif? me dit-il, le cœur gonflé.

C'était un Parisien du faubourg Saint-Marcel. *Honneur et souvenir à toi, Legris !*

Depuis longtemps déjà s'étaient introduites à Cabréra quelques améliorations. On avait essayé de cultiver les légumes que les marins espagnols apportaient quelquefois et qu'ils vendaient au poids de l'or !

On avait bêché une foule de petits carrés dans le sol rocailleux de l'île, qu'on décorait du titre pompeux de jardins ! Que de courage et de privations pour s'en faire un ! Mais alors c'était une distraction et une jouissance...

Je voulus avoir un jardin ! Je commençai par emprunter la bêche d'un marin de la garde qui demeurait près de moi ; cet excellent homme me la prêta sans intérêt. C'est de ce moment que prit naissance une amitié nouvelle fondée sur une estime réciproque, et qui fut un heureux événement pour moi, comme la suite de cette histoire vous l'apprendra bientôt.

Muni de la bêche, je me mis à l'ouvrage non pas le jour même; car la barque était venue... mais le lendemain.

Pour plus d'agrément et de sécurité, je résolus de faire mon jardinet derrière ma baraque. Une difficulté bien grande se présentait. La montagne avait, à cet endroit une pente rapide, et pour faire un plateau de quatre mètres, il fallait creuser à une assez grande profondeur, porter les pierres à l'écart et rapporter de la terre végétale; au bout de quelques jours d'un travail acharné, ma tâche fut terminée. Il s'agissait alors de trouver les choux que je destinais à ce terrain... Mais là se trouvait la difficulté la plus épineuse! J'étais dans le dénûment le plus absolu, et les choux coûtaient si cher! Je crus enfin avoir trouvé le moyen d'utiliser mes labeurs que devait couronner un bien grand sacrifice. La barque arrivera demain; je vendrai une ration et j'aurai des légumes!...

La barque arrive en effet. Je dévore trois rations, sans retard... mais la quatrième mise à part est destinée à un autre estomac que le mien... Malheureusement je n'opérai pas la vente assez tôt: mon jardin restait toujours vierge!

J'avais pourtant passé trois journées bien pénibles à faire ce jardin, sans manger; j'en étais venu à bout, et maintenant je ne pouvais en tirer parti !... c'était navrant !... Enfin, j'oubliais mon jardin, lorsqu'un jour nous aperçûmes, cinglant vers le port, un brick aux couleurs britanniques. Il venait nous jeter quelques restes à dévorer !... Cette fois, il nous fit distribuer du biscuit; mais il revint et comme il s'était aperçu que nous étions nus, il avait apporté en même temps des chemises, des pantalons de toile, et une certaine quantité de ces tricots que portent les marins.

Comme l'on nous avait embrigadés et que chaque brigade avait son chef de corps, c'était ce chef qui faisait la distribution des effets, après les avoir reçus de M. Balthasar, Espagnol, que le capitaine général de Mayorque nous avait envoyé pour gouverneur. Mon lot consista en un pantalon. Or, comme le mien pouvait encore aller, j'échangeai ce neuf contre un de moindre valeur et je reçus une *peseta* en retour, c'est-à-dire, un franc. Comme il venait à propos pour mon jardin ! Il va sans dire que des effets qu'on nous distribua, il n'y en eut pas pour le quart d'entre nous... Les Espagnols avaient promis de nous vêtir pourtant et commencèrent en effet ; mais depuis quand la générosité est-elle l'apanage des bourreaux ?

Nous venions d'entrer dans l'année 1812. Les Espagnols crurent devoir envoyer une brigade à Cabréra pour seconder la chaloupe canonnière. Il y avait avec ces troupes un moine nommé le père François. Semblable au bon prêtre de nos cantonnements, nous n'eûmes qu'à nous louer de celui-ci, nous le révérions comme un père et il nous entourait, en effet, d'une affection toute paternelle.

Il semblait écrit, dans le livre des destins, que nous nous trouverions toujours en butte à deux influences contraires. Le curé Damien s'était posé comme notre mauvais génie ! Il semblait avoir pris à tâche de nous désespérer, en nous enlevant par la haine qu'il nous inspirait, les consolations qu'apporte aux cœurs souffrants la religion dont il se disait l'apôtre !

Un jour que nous étions au fort en assez grand nombre, pour voir la barque arriver, nous rencontrâmes le curé Damien qui remplissait, comme je l'ai dit, les fonctions de chirurgien, à Cabréra. Il nous aborda, le sourire de l'ironie aux lèvres, en nous faisant quelques questions insignifiantes.

Nous étions trop préoccupés d'une même idée pour ne pas amener la conversation sur notre captivité ; nous lui demandâmes donc si nous ne devions pas espérer de voir bientôt la fin de nos misères ?

Et lui, posant sa canne sur une pierre, et nous priant d'être attentifs, nous fit cette réponse barbare :

>    Quand cette canne fleurira,
>    Vous sortirez de Cabréra.

Nos vociférations firent taire sa voix ; mais que pouvions-nous contre lui ? Le clergé en Espagne, c'est le pouvoir ! La lutte était impossible ; il fallait ronger son frein...

Le lendemain nous entendîmes le curé Damien raconter cette odieuse plaisanterie avec une joie féroce...

A partir de ce moment nous cessâmes d'aller entendre sa messe comme d'habitude. C'était la seule protestation qui nous fût permise, nous ne la laissâmes pas échapper.

Ce serait une erreur de croire que les Cabrériens avaient tous la même somme de misère, à l'époque où nous en sommes arrivés. Il se trouvait parmi nous des hommes qui, à force de courage et d'industrie, se créaient une existence plus tolérable.

Un maréchal-ferrant, entre autres, était parvenu, à force d'y songer, à fabriquer un soufflet de forge. Ayant alors obtenu un boulet des marins de la frégate qu'il fréquentait, il put, à force de privations et d'économie, faire venir de Palma, un marteau et du fer pour travailler. C'était un homme d'une adresse merveilleuse dans sa partie; il eut bientôt une petite forge toute montée : le boulet lui servait d'enclume. Après avoir commencé en petit, son industrie prospéra et il se vit à la fin chef de deux ateliers, à la vérité très-peu considérables.

Il y avait encore quelques négoces qui parvenaient à se faire jour. Il y avait des cordonniers, des faiseurs de paniers, de cuillères de bois; des fileurs au fuseau qui vendaient leur fil à raison de trente-six aiguillées pour un sou. Un de mes camarades nommé Leclerc, taillandier, achetait les cercles de fer des gamelles de bord et fabriquait des couteaux qu'il vendait trois sous. D'autres sculptaient des bâtons et les vendaient; il y avait des marchands d'habits, que sais-je? Chacun commençait à creuser son esprit pour inventer des moyens d'améliorer son sort.

Les plus heureux étaient ceux qui, prévoyant leur destinée, avaient soustrait à leur arrivée quelques pièces d'or à la visite, soit en les avalant, soit..., mais les Anglais trouveraient l'autre moyen *inexprimable!*

Un moment arriva où nous possédâmes ce que j'appellerais pour une armée en campagne, l'inénarrable agrément du troupier... Je veux dire la délicieuse cantine! nous en eûmes deux, nous en eûmes trois, tenues par des prisonniers au compte des Espagnols. On nous y vendait du vin, des morceaux de viande salée et divers objets d'un luxe semblable... Mais que cette jouissance, qui n'était du reste à la portée que d'un petit nombre, nous paraissait misérable en présence de notre situation pleine d'horreur, de notre avenir incertain, de notre patrie lointaine, peut-être à jamais perdue et dont l'image nous apparaissait parfois vêtue d'une robe de deuil!

La place du Palais-Royal, terrain étroit et maussade décoré d'un nom somptueux, nous servait de marché. C'est là que nous allions vendre ou acheter du pain, des gourganes, des feuilles de chou et même du poisson.

Le prix du pain variait chaque jour selon que la

barque arrivait avec plus ou moins d'exactitude. Le prix ordinaire du pain de munition était dix sous; il montait parfois jusqu'à vingt-cinq.

Les choses étaient dans cet état, lorsque nos officiers partirent pour l'Angleterre, deux lieutenants sujets à des atteintes de folie périodiques nous étaient restés : l'un était Suisse et l'autre Italien.

Ces deux hommes pleins de bravoure, d'intelligence et de savoir, avaient inauguré leur carrière militaire par des actions d'éclat; je crois pouvoir attester qu'ils avaient mérité d'être portés à l'ordre du jour. L'avenir le plus brillant paraissait leur être réservé. — Maintenant, peut-être, si le destin leur eût été propice, on les citerait parmi ces généraux de l'Empire qui attachaient à leur nom celui d'un champ de bataille. Hélas! la fatalité appesantit sur eux sa main cruelle. Tombés comme nous aux mains d'un ennemi sans pitié, ils avaient dû se détourner de ces brillantes perspectives qu'ils étaient de taille à envisager sans présomption. Mais en tombant dans l'abîme, leur cerveau avait éprouvé un choc funeste; puis les misères inouïes, les tortures physiques, et surtout les tortures morales avaient dérangé des organes plus déliés et plus sensibles.

Oh! qu'ils avaient dû souffrir, ces hommes d'une nature d'élite, dans les premiers temps de notre captivité ! Leur tristesse, leur morne silence, exprimaient tout leur désespoir, et l'on se sentait saisi d'une douloureuse sympathie en les apercevant étendus sur le bord de la mer, plongés dans des angoisses affreuses...

Tel le marin qui s'est livré aux rêves magiques, en partant pour une expédition qui doit lui apporter gloire et fortune, et qui, arrivé dans la haute mer, se voit, tout à coup, assailli par une violente tempête. Il essaye en vain de lutter; la mâture est brisée, les flancs du navire sont entr'ouverts... Il sombre!... Notre pauvre marin se précipite dans les flots mugissants en recommandant son âme à Dieu ! Pendant quelques instants son énergie ne l'abandonne pas ; mais quelle circonstance affreuse! il se sent ballotté par les vagues sans rien voir, sans rien espérer... C'est alors que la Providence lui vient en aide; ses idées l'abandonnent enfin ; il se laisse aller à l'aventure sans avoir conscience de sa situation, il meurt... mais il n'assiste pas à sa lente agonie .. parfois même il arrive qu'il se réveille sur le rivage, où le flux l'a déposé !...

Les deux officiers dont je parlais tout à l'heure, éprouvèrent, en quelque sorte, de semblables vicissitudes. Leur imagination s'était plongée dans tous les circuits du dédale, sans apercevoir d'issue. Une terreur vague s'empara d'eux; on les surprit en des monologues étranges, puis, un jour vint qu'ils reprirent quelque sérénité... Ils étaient tous les deux atteints des symptômes de l'aliénation mentale... Ces symptômes se traduisaient d'une façon singulièrement touchante et poétique, quoique diversement.

La folie du lieutenant italien se manifestait quelquefois d'une façon mélancolique, d'autres fois d'une manière plaisante. Un jour il nous donna la comédie.

Saisi d'un accès, il met son habit à l'envers, se charge l'épaule d'une besace, pose son claque de travers, remplit de gourganes les poches de sa besace, et armé d'un bâton, il se rend au marché du Palais-Royal. Là, il étale ses gourganes sur sa besace et se met à crier: Qui veut des gourganes?... Les gourganes sont des coups de bâton!... Qui veut des coups de bâton? Les coups de bâton sont des gourganes!...

Il resta ainsi une bonne demi-heure, répétant toujours la même chose. La foule s'était amassée, mais je dois rendre cette justice à mes camarades que pas un mot désagréable ne lui fut adressé. Du reste, il ne fâchait personne, et chacun riait, au contraire, des drôleries qu'il débitait, et lui-même riait de nous voir rire d'un si bon cœur. Fatigué enfin, il regagna sa baraque située dans le quartier de la garde de Paris.

Cette baraque offrait quelque chose de bizarre. Elle comprenait quatre murs de la même hauteur construits en carré. Dans chaque muraille se trouvait une porte. Le toit était à proprement parler un dôme renversé dont le sommet s'appuyait sur une colonne de pierre qui occupait le milieu du rez-de-chaussée, seule pièce de cette singulière construction. Si quelqu'un lui avait demandé pourquoi cette espèce de bassin, où les eaux du ciel s'amassaient quand il pleuvait? Il aurait répondu, que c'était afin que les petits oiseaux pussent se baigner en passant et lui chanter quelques mélodies autrefois connues...

Les murs étaient enduits intérieurement d'une peinture blanche sur laquelle le lieutenant lui-même avait buriné quelques scènes champêtres pleines de douce mélancolie.

Hélas! le tableau que je viens de tracer n'est pas riant, sans doute, mais il émeut doucement et jette dans le cœur une empreinte qui n'est pas sans charmes. Cet officier que la fatalité a poursuivi même au delà de l'abîme où il est descendu lentement, a conservé quelque chose de son premier état : la poésie ! On lui prend la main sans répugnance, avec empressement... On le console, on l'aime... Il y eut des Cabrériens qui tombèrent dans des aberrations plus funestes. Leur cœur trop longtemps déchiré se livra aux sombres pensées... Leur intelligence à peu près étouffée par l'atmosphère méphitique de la misère, n'opposa plus au sens brutal son frein providentiel. D'un côté, la mort leur sourit ; de l'autre, l'appétit se réveille... La faim, le désespoir produiront un trouble affreux dans leur tête affaiblie : il en résultera une idée fixe inexplicable, horrible... mourir!... mais en essayant de conserver son existence ! symptôme effrayant d'aliénation parvenue à son dernier degré : le crime sera le moyen d'obtenir ce double résultat...

Un peu plus tard, en effet, s'accomplit un crime atroce qui vint pour ainsi dire ternir la sainteté de notre martyre ! Il y avait bien longtemps que nous souffrions ; mais nos souffrances avaient été plus extrêmes, et jamais nous n'avions eu à courber nos fronts sous un sentiment de honte !..

Un horrible forfait vint couronner tant d'horreurs ! Un des nôtres (il n'était pas Français, mais il avait servi sous nos étendards), un Polonais, avait partagé sa baraque avec un cuirassier nouvellement arrivé à Cabréra...

Depuis plusieurs mois la plus grande intimité s'est établie entre eux. Cher ami des pontons de Cadix, mon cœur n'avait besoin d'aucun indice pour garder ton souvenir ; mais que de fois cependant, ne me suis-je pas dit avec attendrissement en voyant ces deux amis : L'autre et moi, nous étions ainsi !

Le cuirassier tombe malade. Quelques jours déjà se sont écoulés depuis qu'il n'a gravi la colline où vont causer et rêver le soir ceux qui conservent l'espérance ! son camarade l'entoure de soins affectueux ; il paraît si abattu qu'on croirait que c'est lui qui souffre !...

Un matin que le pauvre jeune homme se laissait aller aux mélancoliques pensées que jette dans le cœur d'un malade les rayons du soleil levant, son ami s'approche, le visage empreint d'une ardente commisération, et l'engage à rassembler toutes ses forces, pour sortir un peu, en s'appuyant sur son bras : c'est le meilleur remède qu'il puisse tenter désormais... le malade obéit à cette touchante sollicitude...

Je me rappelle encore sa démarche languissante... Le sentier qu'ils suivent les isole bientôt; alors Caïn tire un couteau !.. Et l'homme demi-mort qu'il soutenait tout à l'heure expire sous ses coups!

Ce n'est pas tout ! Il fallait que ce crime atteignît des proportions inouïes !

Ce maudit (un terme plus juste m'échappe), qui avait conçu, médité et exécuté de sang-froid ce meurtre odieux, se baisse alors sur ce cadavre frémissant encore sous les pulsations de la vie. Et ce poignard qu'il a plongé tout à l'heure dans le cœur d'un ami, il le promène maintenant dans des entrailles fumantes, dont il s'empare et dont il va se repaître?... Mais Dieu, sans doute, ne le permettra point !...

En effet il a été aperçu par des prisonniers qui revenaient de chercher du bois. Ils accourent prévenir la garde espagnole. Trois hommes sont désignés ; ils explorent le théâtre du crime ; puis, incontinent, l'on se présente dans la baraque du Polonais !...

Il s'occupait à préparer son abominable repas ! On s'empare de lui ; on le confronte avec sa victime : il avoue sans hésitation comme sans repentir !...

Alors on le conduit à la cambuse où l'on dépose le pain quand la barque arrive, et on le force d'être toujours assis en lui liant les mains sous les genoux. Un procès-verbal est envoyé à Palma, et l'on attend...

Pendant huit jours il est resté dans cette position. Tout le monde pouvait entrer près de lui et l'on s'y rendait en foule.

C'était pénible de voir la honte et la douleur des autres Polonais... mais redressez vos fronts, camarades ! la honte est personnelle, et nous ne cesserons point de vous traiter en frères !

Un jour, un brigadier, son compatriote, l'interrogea, en ma présence, sur les motifs qui l'avaient poussé à commettre son crime. Il répondit seulement : J'avais faim... Ce n'est pas le premier... Je veux mourir !..

Enfin, arrive la condamnation à mort. Le commandant de la chaloupe canonnière désigne quatre hommes qui s'emparent du meurtrier et le conduisent sur la colline des Dragons, pour être fusillé... Ils tirent à bout portant, et terminent le plus promptement possible ses souffrances infinies...

Je l'ai vu passer pour aller au supplice, et je puis dire que son air respirait le contentement d'un homme heureux d'en finir à quelque prix que ce soit !

Vous m'avez souvent demandé, continua le vieillard après une pause, s'il y avait des femmes à Cabréra?... Il y en avait ! malheureuses, comme nous, et souvent plus courageuses, elles paraissaient moins abattues...

Le départ des officiers avait donné lieu à une triste infamie. Un prisonnier, un Polonais... vendit pour soixante francs celle qui, jusque-là, avait supporté la moitié de ses infortunes...

Que ce fait, à lui seul, me semble une peinture énergique de l'état affreux dans lequel nous étions tombés !

Un autre prouvera plus vivement encore que les tendres sentiments de l'âme, sa dignité, étaient chez beaucoup, détruits complétement.

Un Catalan fait prisonnier dans nos rangs partageait notre destin. Cet homme avait au pays une femme jeune et belle, dont l'éloignement torturait son cœur vivement épris... Parfois des larmes, dont on devinait le motif, sillonnaient son visage : il dépérissait ! Or, un jour, arrivait à Cabréra, dans une barque de pêcheur, la jolie Catalane (c'est ainsi que nous la désignerons), la femme de notre compagnon d'infortune !

Elle, gracieuse et faible, avait tout quitté, pour s'ensevelir, avec un époux chéri et regretté, dans un affreux désert !..

Ah ! me direz-vous, le sort de ce prisonnier est digne d'envie ! Le dévouement qui atteint de pareilles limites doit remplir de douce joie les journées jusque-là pénibles ? Il dut y avoir, dès lors, une charmante exception sur votre rocher ? Vous avez raison : il y avait un homme qui battait sa femme !

Voilà où nous étions tombés...

Mais il me semble entendre ce cri partir du fond des âmes généreuses : Pourquoi, lorsque vous citez des traits infâmes, le nom Polonais, ce nom infortuné et glorieux, revient-il si souvent sous votre plume ?..

Ah ! c'est qu'il me semble que rien n'est plus expressif que de dire, en faisant le tableau de nos souffrances : Voyez, les Polonais eux-mêmes, ce type immaculé de l'héroïsme, de la fidélité et de la grandeur d'âme... tombaient ! Qu'il fallait souffrir ! Quel tableau vous ferait mieux saisir l'étendue de nos misères ?

Ce n'est pas la sympathie qui me manque pour ces Français d'une autre contrée... et maintenant que la Pologne meurtrie, brisée, étouffée et non vaincue, gît sous le pied des despotes, je ne viens point la frapper au cœur, en ami ingrat et en frère dénaturé !..

Je trace des pages lugubres où se trouvent des portraits, qui, malgré les noms propres, ne sont d'aucun pays ; mais du rocher fatal de Cabréra !

Ne vous souvenez-vous pas que le jour où l'on vint nous dire : la Pologne est debout et marche ! j'élevai ma faible voix dans ces strophes que mes camarades honorèrent de leurs sympathies ?

### LA POLOGNE A BRISÉ SES CHAINES !

Amis, nous sommes prolétaires !
Et le besoin nous courbe sous sa loi ;
Mais, quoique l'avenir nous cause de l'effroi,
Oublions tout pour soulager nos frères !
Ceux qui jadis combattaient dans nos rangs,
Et dont la noble ardeur soutint notre vaillance,
Pourraient-ils aujourd'hui, criant aide à la France,
Ne trouver parmi nous que des vœux impuissants !

Quel bruit a frappé votre oreille,
Quand, le matin courant aux ateliers,
Longtemps avant le jour vous quittez vos foyers?
C'est Kosciusko, qui du tombeau s'éveille!
Le bruit des fers aux mains des Polonais,
A fait frémir d'horreur le héros dans sa tombe!
Des vengeurs ont surgi comme un éclat de bombe.
Pauvres! que dans nos rangs ils trouvent les Français!

Ce mot, amis, dans ma pensée,
Renferme en lui, tout noble sentiment.
Laissons donc nos *commis*, oubliant leur serment,
Voir sans pitié la Pologne oppressée.....
.... Si nous devons nos bras à nos enfants,
A l'homme indépendant laissant le plus beau rôle,
Ah! courons promptement offrir une humble obole,
Pour que la Liberté triomphe des tyrans!

Voilà ce que je disais à la nouvelle de l'insurrection de 1846.

Plus tard, lorsque enserrée entre trois sceptres, la Pologne tombait de nouveau, enchaînée et bâillonnée, j'exprimais ma douleur profonde, le découragement de mon âme, et puis enfin mon espoir en un avenir prochain de la régénération universelle, dans ces quelques vers :

## PAUVRE POLOGNE!

Sans doute l'homme fort, que le malheur poursuit,
Peut en voir sans effroi les plus rudes atteintes ;
Mais, s'il est, sans relâche, en proie à ses étreintes,
Son œil devient hagard, son âme s'affaiblit!
Ne sachant quand finit cette terrible lutte !
N'osant plus faire un pas qu'il ne craigne une chute.
Un rien le fait trembler... il s'enferme à gémir,
Et presse dans ses mains son front qu'il sent s'ouvrir.

Cette loi qui régit l'âme la mieux trempée,
S'étendrait-elle, ô ciel! à chaque nation?
Par le sceptre des rois à toute heure frappée,
Verrait-on, par sa mort, finir sa passion?
Et tranquilles alors, ces tigres sanguinaires
Sur ton cadavre assis, ô sainte Liberté !
Cuveraient-ils en paix le sang de tes artères!
Sœur du Christ, n'as-tu pas son immortalité?

En te voyant tomber sur ce champ de bataille (1),
Où des tyrans encor le parti fut vainqueur,
Je suis triste de voir que ton âme défaille.
Et qu'un doute fatal envahisse ton cœur...
Fils de la Liberté, tu doutas de ta mère!
Ah! l'histoire vraiment t'aura calomnié....
Toi douter que son règne arrive sur la terre...
Non! non! tu n'as pas dit : *Finis Poloniœ !*

Mais un homme, quel que soit son courage, n'est qu'un homme, et j'ajoutais :

(1) Kosciusko à Macicowice.

. . . . . . . . . . . . . . . . . . . . .
Car la division enfante l'esclavage ;
Seuls, les peuples unis sont puissants comme Dieu !
De ton doute, en tombant sur le champ de carnage,
Je ne suis plus surpris, ô grand Kosciusko !
Lorsque Brutus aussi, ton frère d'un autre âge,
S'écriait en mourant : La vertu n'est qu'un mot !

. . . . . . . . . . . . . . . . . . . . .
C'est qu'il faudrait qu'en masse, ainsi qu'aux temps antiques,
Divine Liberté ! s'arment tes défenseurs !

. . . . . . . . . . . . . . . . . . . . .
Mais le monde engourdi par le pavot infâme,
Que Plutus, Dieu du jour, a distillé sur lui,
Commence à palpiter sous l'élan de son âme,
Jalouse d'effacer un stigmate inouï...
La France a ressenti les vertus paternelles ;
Des limbes des *trois cours* elle t'arrachera,
Foudroyant du regard de viles sentinelles... !
Ton glorieux martyre a vu son Golgotha !

Voilà le fond de ma pensée sur cette nation infortunée qu'on a nommée la France du Nord, tant on a trouvé de ressemblance dans les caractères des deux peuples.

Qu'il soit permis à un vieillard, d'émettre un vœu ardent.... C'est que la France en accepte la solidarité pleine et entière ; que ce ne soit plus un vain mot derrière lequel s'abrite l'égoïsme.... Ce ne sont pas des fleurs qu'il faut jeter à nos frères qui font naufrage : il faut leur tendre la main.

Le hasard, qui se plaît aux bizarreries, m'oblige à vous parler des Anglais en quittant la Pologne !

Je n'en dirai que deux mots : je ne les aime point. Mais lors de mon séjour à Cabréra, ils ne venaient pas en première ligne dans notre haine ; et parfois, tant nous étions malheureux, il nous arriva de bénir leur arrivée ! nous étions sûrs, en les voyant, qu'il y avait un petit supplément à en attendre...

Quelques mois après le drame que je viens de vous raconter, le brick anglais fut aperçu des hauteurs de l'île et salué avec quelque bonheur...

Salomon, Cabrérien des plus rafalés parmi ceux qui n'avaient pas encore ce nom, eut la bonne idée de se rendre au débarquement. — Quelques lambeaux de pantalon lui tenaient lieu de tout habillement. — Le contre-maître l'aperçoit, et touché de compassion, lui fait signe d'approcher ; Salomon hésite : il craint quelque moquerie sur sa tenue primitive... alors le contre-maître ôte immédiatement, habit, gilet, pantalon et chemise qu'il invite le captif à venir prendre et retourne à bord, nu à son tour ; mais béni par tous ceux qui avaient été témoins de cet acte de générosité.

Quant à ce pauvre Salomon, il s'en revint dans un état difficile à décrire. Une fortune lui eût causé moins de joie. Mais le lendemain il avait tout vendu : l'argent, il est vrai, lui a servi à acheter du pain pendant quelques jours...

Ce fut vers ce temps-là que ma situation à Cabréra subit certaines modifications avantageuses : j'allais souvent causer avec mon voisin le marin de la garde : nous éprouvions une mutuelle sympathie.

Sur ces entrefaites, s'étant aperçu que le Piémontais qui logeait avec lui n'était pas fidèle, et qu'il avait commis plusieurs soustractions à son préjudice, il l'invita poliment à aller se faire pendre ailleurs et me proposa de venir prendre sa place, ce que je fis avec plaisir, quoique j'eusse mon logement déjà avec d'excellents camarades.

Fermond (ainsi se nommait mon nouvel ami), possédait deux baraques dont l'une était louée au lieutenant suisse dont j'ai déjà parlé, et dont il était en quelque sorte le domestique.

Le lendemain de mon installation, Fermond me

proposa d'aller ensemble chercher du bois. Comme le temps n'était pas très-sûr, je lui en fis l'observation : Ça ne sera rien, mon vieux, fit-il... Or, c'était un marin. Je courbai mon front devant son expérience et nous partîmes. Il avait des souliers, moi je n'en avais pas et quand il pleuvait je souffrais bien plus encore. Nous allâmes bien loin pour trouver de bon bois. — Arrivés enfin au but, ce que j'avais prévu arriva : la pluie se mit à tomber avec violence. Nous nous empressâmes de faire chacun notre fagot; mais au moment où nous nous disposions à nous en retourner, un grand vent se mit de la partie.

Je n'ai jamais eu tant de courage : la pluie nous fouettait le visage et nécessitait une lutte incessante pour avancer. Lorsque nous fûmes parvenus dans la direction de la fontaine, nous eûmes à franchir un col dans lequel le vent s'engouffrait avec une violence insurmontable. Nous fûmes forcés de nous arrêter, après être tombés plusieurs fois avec nos fagots. Cependant il nous répugnait d'avoir fait en vain tous ces efforts. En conséquence, nous prîmes un terme moyen : nous divisâmes un de nos faix et nous cachâmes l'autre dans le creux d'un rocher. Puis, à force de persévérance et en coupant le vent, nous arrivâmes enfin tout trempés et harassés de fatigue. Le lendemain, j'allai voir si notre fagot caché s'y trouvait encore : un autre avait profité de nos sueurs...

A partir de ce moment, Fermond ne voulut plus aller au bois. Il me proposa d'y aller seul et en revanche, il devait nous approvisionner d'eau douce. J'y consentis et dès lors, je bus de l'eau agréable au lieu d'eau saumâtre aussi malsaine que dégoûtante.

Mon compagnon ne fut pas longtemps content de son lot et il me proposa d'aller à l'eau comme j'allais au bois, seul, moyennant deux sous et demi à chaque distribution... Son service chez le lieutenant le mettait à l'aise... Le profit qu'il me proposait était, à la vérité, peu de chose ; n'importe, j'étais content ; car avec cela, sans vendre du pain, je pouvais acheter du fil et des morceaux pour me raccommoder. Bien plus, je pouvais quelquefois acheter un quart de pain ! je me félicitais donc d'être avec Fermond. Il essayait par ses conseils de me faire économiser mes vivres ; mais il était écrit que je n'obtiendrais jamais cette réforme. Pourtant j'essayais toujours... Une fois, je remportai une victoire signalée ! Après la distribution, j'absorbai cinq quarts de pain et mes fèves, des trois quarts de pain qui restaient, je fis six portions que je taillai en soupe et que j'enfermai dans de petits sacs... Matin et soir j'en prenais un ! cela ne dura pas huit jours, quoique le marin me les serrât et me les donnât, un à un, à l'heure convenue, pour faire un bouillon, sans huile ni graisse ; mais bien avec un mélange d'eau douce et d'eau de mer !

Toute cette économie me faisait souffrir davantage... si bien que, le sixième jour, je priai Fermond de me donner une seconde portion, après ma soupe ; et celle-là mangée, la dernière y passa !

Voyant que tous mes efforts n'aboutissaient à rien, je pris le parti de faire comme devant, c'est-à-dire de voir la fin de mes vivres sans désemparer. L'excellent Fermond eut alors la généreuse fermeté de me retenir les deux sous et demi, jusqu'au lendemain.

Un jour, nous commencions à prendre notre parti, comme le forçat qui a vainement tenté de briser sa chaîne ; et si nous gardions encore le souvenir de la France, ce n'était plus que cette mélancolique empreinte qui nous reste, si je puis employer cette comparaison, longtemps après la mort d'une femme sincèrement aimée ! un jour, dis-je, le brick vint nous surprendre.

Quelques jours à peine s'étaient écoulés depuis qu'il était venu, selon son habitude, nous jeter quelques restes à dévorer...

Ce jour-là, il nous apportait du nouveau; mais c'était à ne pas y croire : nous allions, nous annonçait-on, être échangés...

Malgré toutes les déceptions subies, nous ajoutâmes une foi entière à cette nouvelle, et pour nous venger du curé Damien, nous chantâmes avec variantes et amplifications ce mauvais couplet :

> *Mons* le curé, notre ami,
> Ton bâton a-t-il fleuri?
> Car, bientôt nous partirons,
> Et au diable t'enverrons.

Cette nouvelle ne fut pas plutôt répandue qu'une effervescence de joie folle éclata dans l'île. On se rue sur tout, on arrache, on renverse, on fait des projets pour le retour!

Il me semble encore voir ces jardins, fruit d'une patience inexprimable, où l'on avait planté des choux, disparaître en un clin d'œil. — Tous croyaient être au bout de leurs misères et ne pouvoir plus éprouver de besoins... J'exagère, un seul, un *ancien*, rompu à l'expérience, arrosa ses légumes et les protégea contre cette manie générale de destruction. C'était un vieux caporal nommé Million. Comme on se moquait de lui et qu'on l'appelait fou, il répondit :

— « Vous agissez vous-mêmes comme des conscrits qui ne savent ni une ni *deusse!* ne sera-t-il pas temps, au commandement de marche, d'escoffier *ces-z-haricots*, si la chose est aussi indispensable que ridicule? Et dans le cas où l'on nous aurait tiré une nouvelle *carotte*, ne serait-il pas flatteur d'en retrouver ici tout un bataillon carré!... » —

Après cette piquante allocution, Million s'en alla couvert d'applaudissements ironiques ; mais la suite prouva qu'il avait raison, et s'il n'eût été un excellent camarade, il aurait pu rire à son tour.

Cet échange que le curé Damien, que le père François, lui-même, nous avaient annoncé, fut ajourné indéfiniment encore...

Pourtant le curé que paraissait attrister notre départ, proclamait, au contraire, qu'il en ressentait le plus grand plaisir ; et pour s'assurer par lui-même de la vérité, il nous prévient qu'il va se rendre à Palma. En effet, au premier voyage de la barque aux vivres, *señor* Damien s'embarque, et, sûr que nous penserons à lui pendant son absence, il est huit jours sans revenir.

Enfin, un dimanche, nous apprenons son retour, et, en même temps, qu'il se dispose à dire sa messe. J'imagine qu'il avait dessein, en agissant ainsi, de nous amener à y prendre part ; ses conjectures se réalisèrent ; car jamais son auditoire n'avait été si nombreux.

Il commença par dire sa messe sans tenir compte de notre impatience, puis, se tournant vers nous avec une expression de joie féroce que je n'oublierai jamais : il ne faut plus compter sur l'échange, dit-il ; car le courrier qui en apportait les conditions est tombé à la mer !

La mesure de notre désespoir est impossible à donner. Notre stupeur fut telle que nous ne murmurâmes point contre ce prêtre qui représentait en ce moment pour nous, la fatalité ! Nous nous en allâmes muets et chancelants, résolus de ne plus aller à la messe. Non pas que nous eussions l'idée qu'il pût être l'auteur de la détermination contraire à celle que nous attendions ; mais sa joie, en nous faisant tant de mal, nous avait paru contraire à l'esprit de l'Évangile, et nous avait irrités à tout jamais contre lui et ses prières !...

Du reste, chose qui semblera incroyable, nous eûmes bientôt oublié cette nouvelle déception et repris notre genre de vie accoutumé : notre énergie était complétement détruite et nous étions trop faibles maintenant pour les chagrins mortels...

Plus tard, vers le mois de juillet 1813, un échange eut lieu, enfin. J'étais allé, suivant mon habitude, attendre au rivage la barque, qui devait venir ; Robichon, soldat du génie, m'accompagnait. Après la distribution je rentre seul à la baraque : Fermond me demande si je sais du nouveau.

— Ma foi non, lui répondis-je : Qu'y a-t-il donc ?

— Un bruit...

En ce moment Robichon rentrait : Vous ne savez-pas, dit-il ? on échange les marins.

— Je regardai Fermond qui chancelait... Cela te regarde, mon vieux, lui dis-je...

— Je crains bien que non, répliqua-t-il ; car ils me considèrent plutôt comme *terrien* que comme marin...

— C'est une erreur camarade !.. tu vas voir ? Et

sans perdre de temps : Je vais, lui dis-je, trouver notre chef de corps ; je suis sûr de ton affaire !

En effet, je cours chez Golwain avec lequel j'étais assez lié. Le hasard me le fait rencontrer sur la route. Je lui expose l'affaire de mon camarade... — Diable ! dit-il ; mon rôle est fait, mais en votre considération je passerai sur la règle : un de plus, s'entend. Envoyez-moi votre ami. Vite, je prends ma course et j'envoie Fermond chez Golwain, en lui criant : Courage ! ton départ est assuré !... ne t'occupe pas du dîner de ton lieutenant ; je m'en charge.

Fermond fut absent jusqu'au soir. Enfin, il arrive : sa joie était extrême... Il me propose de prendre ma part d'une bouteille : ça ne se refuse pas... nous nous dirigeons vers la cantine... Pendant le trajet, il me parle de son attachement pour moi ; me remercie des bons offices que je lui ai rendus, et manifeste le plus vif regret de partir sans moi... J'avoue que mon cœur se gonflait à cette idée... Enfin, nous arrivons à la cantine où nous buvons chacun une bouteille en discourant sur le plaisir de revoir la France ! sa famille, ses amis ! sur la surprise que l'on produira ; sur celle plus grande encore que l'on éprouvera, peut-être ?..

Tout en causant, Fermond me propose sa place auprès du lieutenant et nous rentrons pour arranger cette affaire. Je me sentis un peu étourdi, dans le premier moment, il y avait à peu près cinq ans que je n'avais bu de vin!...

Quand nous arrivâmes le lieutenant dormait. Fermond le réveille, en lui criant: M. Fihst, je viens vous faire mes adieux?

Comment?... vos adieux? dit le lieutenant, réveillé en sursaut; vous me quittez?

— Oui, mon lieutenant; il y a échange de vingt-neuf marins, au nombre desquels je me trouve: nous quittons Cabréra, à la pointe du jour. Si vous désirez, ajouta-t-il, Sébastien, que voici, me remplacera près de vous?— Volontiers, répondit-il, c'est un garçon qui me convient et que j'aurais demandé moi-même si vous ne m'aviez prévenu.— Ceci réglé, nous allâmes boire le coup d'adieu!

— Camarade, me dit Fermond, le lieutenant me doit vingt-cinq francs, qu'il n'a pas en ce moment; tu les lui demanderas, et ils seront pour toi, moins cinq francs que je te prie de donner à un dragon. Ce dragon était un de ses compatriotes qu'il me désigna. Il me laissa en outre ses baraques et les ustensiles divers qu'il possédait. Quant à la nourriture du lieutenant, il me conduisit à la cantine et me donna tous les renseignements utiles. Nous regagnâmes notre baraque à une heure assez avancée, non pour dormir, mais pour attendre le moment du départ.

Ce moment tarde trop au gré de ses désirs : il arrive enfin... Fermond est joyeux... J'ai une peine infinie à retenir mes larmes. Nos adieux furent solennels, comme ceux qu'un père adresserait à son fils, en le quittant pour toujours !

Tant que j'aperçus la barque qui emportait Fermond, je restai immobile sur la plage ; mais bientôt, je ne vis plus rien : alors je m'en allai, l'âme remplie de sombres pensées ! Quelque temps après je rejoignis le lieutenant, résolu à remplir mes fonctions nouvelles, avec le zèle que m'inspiraient déjà sa triste situation et la loyauté de son caractère.

Quand la barque fut revenue, je reçus les vingt-cinq francs, dont je donnai cinq au compatriote de Fermond. Mon sort fut dès lors changé totalement, matériellement du moins. Je pouvais manger chaque jour à ma faim, et je jouissais, en outre, de l'avantage inappréciable de m'asseoir à la table de mon lieutenant, à titre d'ami ! L'infortune sait combler les distances et je puis dire qu'il ne me regardait point comme son domestique...

Un mois plus tard j'avais pris de l'embonpoint d'une manière saisissante : mes bons camarades me félicitaient sur l'heureux changement qui se produisait dans ma personne.

Mais je dois le dire, si les souffrances physiques diminuaient, les tortures morales croissaient à mesure. Quand on souffre horriblement, on est rempli de soi, en quelque sorte ; on en sort peu ; on a moins de commisération pour celui qui est près de vous ; je ne sais quel sentiment égoïste fait, au contraire, que sa présence, sa situation adoucit votre mal... moins accablé de misère, de besoins, le corps se redresse, l'esprit se raffermit, la pensée, le jugement reprennent leurs droits. Dans le plus extrême dénûment, les rafalés ne m'étaient apparus que comme une nuance peu tranchée des Cabrériens, et, maintenant, en parcourant l'île déserte, mes yeux étaient effrayés de la misère affreuse qui se montrait de toutes parts.

Un jour, je voulus mesurer la profondeur de notre anéantissement. — J'avais un peu d'argent, des effets de rechange et une situation assez douce ; je me dis qu'il était de mon devoir de soulager mes camarades, mes frères les plus malheureux. Je pris tout ce que je possédais : peu de chose, hélas ! et je me rendis à la caverne des rafalés. Décrire l'affreux spectacle qui s'offrit à mes regards serait impossible...—C'était une caverne, sombre et humide, dans laquelle on pénétrait par une entrée assez large, rétrécie par des pierres. Dès les premiers pas, une atmosphère empestée vous saisissait aux yeux et à la gorge, comme l'alcali, et vous forçait à faire halte... Enfin, le but que je me proposais fortifiant mon courage, j'avançai. Au bout de quelques pas, mes pieds sentirent comme une litière de feuilles et d'herbes sèches, et mes yeux s'habituant à l'obscurité, je distinguai confusément... Mon cœur se serra, je proférai un cri de rage désespérée ; puis, faisant un retour sur moi-même, des larmes amères coulèrent de mes yeux et me soulagèrent. — Il y avait dans ce sépulcre immonde, qu'on appelait la caverne des rafalés, une foule de soldats français... absolument nus et plongés, çà et là, dans cette litière d'herbes sèches. La torpeur de la mort les avait tous saisis ; car aucun ne remuait... Dieu me préserve de faire d'odieuses comparaisons ; mais il était permis de douter, en les voyant, si c'étaient là les soldats français, vainqueurs du monde!...

Il y avait déjà trois jours que la dernière distribution avait eu lieu. Depuis lors, plongés, ainsi que je l'ai dit, dans cette torpeur semblable à la mort, ils n'existaient plus... Ils s'étaient habitués, les malheureux! à cette existence sans nom : manger et exister un jour sur quatre, puis dormir, oublier, ne plus vivre... — C'était le troisième jour que je les voyais ainsi. Le lendemain c'eût été bien différent. Ces êtres avilis... se redressaient quand arrivait l'heure! Ils s'animaient, ils retrouvaient le mouvement; — et si l'heure fuyait sans apporter la pâture... c'étaient des cris, des rugissements affreux, — des trépignements forcenés... malheur à l'homme de corvée s'il inspirait quelque défiance! Et puis, comme on accueillait son arrivée, il se faisait un bruit dans chaque poitrine, comme qui dirait un sanglot de satisfaction.

. . . . . . . . . . . . . .

Chose étrange! la distribution se faisait avec équité, — sans désordre, puis, on mangeait, et quelquefois, chose rare, on disait quelques mots; on s'entendait sur les deux hommes de corvée, puis, on s'enfonçait de nouveau dans sa bauge... et quatre jours se passaient en silence!

Or, un des deux hommes de corvée m'aperçut, et venant à moi, il me dit d'un ton brusque et rauque : Qui t'amène ici? — Ce qui m'amène, lui répondis-je avec douceur, c'est le besoin que j'éprouve de venir serrer la main à des camarades et de les consoler si je peux... — Les consoler! leur serrer la main!... mais tu parais heureux? tes vêtements sont bons encore; ta figure respire la santé; et tu dis que tu viens nous consoler... nous serrer la main!

— Oui, camarade, lui répliquai-je, en la lui serrant en effet : j'avais deux vêtements... j'en apporte un ici. — J'ai un peu d'argent, je vous le donne. Achète ce que tu voudras pour les camarades : du pain, s'ils ont faim, ou des vêtements; car la nudité est un terrible supplice, puisqu'elle vous retient ici!

Oh! vois-tu? c'était l'enfer, cette caverne, me disait, naguère, un rafalé que je rencontrai. Quand nous étions de corvée, seulement, nous éprouvions quelque bonheur... Nous retrouver sur la terre, jouir du soleil, et respirer au grand air!

Camarade, ajouta-t-il, vous aspiriez quelquefois, sans doute, après la patrie et la liberté?... Eh bien, nous, — quand un désir nous étreignait, — ce n'était ni après la liberté, ni après la France... C'était après le jour, après l'air que vous respiriez et loin duquel la misère nous reléguait.

Le souvenir de la caverne des rafalés me poursuivra longtemps, — toute ma vie. Rien de plus horrible ne peut épouvanter davantage et donner à l'esprit un plus rude coup. Tant que je restai à Cabréra, je n'oubliai point ces pauvres camarades, et je pus quelquefois encore leur apporter le faible gage de mes sentiments fraternels. Il resta, dans mon cœur, une tristesse plus sombre que par le passé. La délivrance ne m'était apparue, jusqu'alors, que confusément, et j'avais fini par la regarder comme impossible ; maintenant j'y tendais de toutes les forces de mon âme. — Mais au besoin que j'éprouvais de retrouver ma patrie, ma famille et... la liberté enfin, s'ajoutait je ne sais quelle idée de vengeance..

Vengeance ! moi chétif, j'y songeais ! J'imaginais qu'il n'y avait qu'à parler, et que les bourreaux des soldats français seraient soumis à une terrible expiation. Rêverie, hélas ! Les *puissances du monde* ne mettent jamais une pensée généreuse dans la balance, l'intérêt seul préside aux congrès diplomatiques! Castanos et Wellington recevront le grand cordon de la Légion d'honneur! Et Dupont (c'est de l'histoire contemporaine), Dupont recevra le portefeuille de la guerre!

Il est vrai qu'alors de grands faits se seront accomplis. Le colosse d'airain sera tombé, et, dans sa chute, il aura tendu la main à la loyauté anglaise et se sera trouvé saisi par un geôlier; les vaincus de trente champs de bataille montreront enfin leur face sans effroi; et les bons amis des vainqueurs de Waterloo occuperont la tyrannie!!

Cabréra! mieux eût valu ne point quitter tes rochers arides que de revoir la France ainsi humiliée...

Mais n'anticipons pas sur les événements : le temps de la captivité dure encore; je suis toujours à Cabréra, avec ce brave lieutenant qui m'aime : il me le témoignera à l'occasion.

Depuis quelques jours je voyais rôder autour de mon lieutenant, un Allemand dont la physionomie me déplaisait instinctivement. Je sus par le lieutenant lui-même, que cet individu voulait avoir ma place; mais, en même temps, je recevais l'assurance que personne ne pouvait me la ravir. Il me demanda même, alors, si je consentirais à le suivre dans le cas où il pourrait partir? je lui répondis que je me féliciterais de l'accompagner où que ce fût, et il fut content.

C'était bien, je dois le dire, le plus excellent homme qu'il soit possible de rencontrer; mais malgré sa bravoure et ses connaissances, il se trouvait dans la nécessité de quitter le service. Il tombait du haut-mal ! Et, à cette déplorable infirmité, venait s'adjoindre, périodiquement, un grave dérangement dans son cerveau. Pendant huit jours, il éprouvait une espèce de folie... Mais son caractère n'en devenait pas plus difficile, et les soins dont je l'entourais, suffisaient à le dominer.

Sa folie consistait à se croire à la tête de sa compagnie !... Et c'était triste de l'entendre commander les évolutions militaires ! J'avais alors le soin de cacher les couteaux, et il se promenait, de long en large, dans la baraque, commandant à des légions fantasmagoriques !

Un soir, à onze heures, il s'approcha de mon lit, où je ne dormais pas encore, et me parla ainsi :

— Sébastien ! Sébastien ! alerte, mon garçon ! cours réveiller tes camarades ! nous allons faire une pétition à l'empereur, pour sortir d'ici *immédiatement*.

— Parbleu! mon lieutenant, vous avez là une heureuse idée, lui répondis-je, en ayant l'air d'approuver ; seulement, ajoutai-je, il serait peut-être bon d'attendre à demain... Qu'en pensez-vous?

— Soit, fit-il d'un air grave. En attendant, je vais prendre cette redoute... Et il continua de commander ; et selon les idées qui se présentaient à son imagination, sa physionomie prenait toutes les nuances de la déception à l'enthousiasme.

Il prit à quelque temps de là, l'habitude de se baigner, matin et soir : je l'accompagnais. Un jour, il se leva, l'air triste et préoccupé, et prit, aussitôt, le chemin de la mer. Arrivé près de l'eau, il ôte ses vêtements : alors, joignant les mains et levant les yeux au ciel, il s'écrie : A la grâce de Dieu ! et disparaît à mes regards...

Plein d'effroi, j'allais me précipiter, lorsque je le vis reparaître à distance, nageant avec vitesse... Hélas! un peu plus loin sa tête se perd ; il s'imagine être au milieu des siens et en face de l'ennemi ; la chaloupe canonnière, qui mouille à quelques brasses, est son point de mire ; il commande l'abordage et s'approche...

Les Espagnols, sans tenir compte de son aliénation évidente, le traitent comme si son attaque eût été sérieuse et lui jettent une planche sur la tête... Le sang ruisselle, et mon pauvre lieutenant se roidit à peine contre la mort ! Néanmoins, l'imminence du danger lui rend une partie de son sang-froid, et voyant un câble, il s'en saisit, gagne le liége qui marque l'ancrage, et s'en fait un point d'appui.

Cependant le cri d'angoisse que le péril de mon maître m'avait arraché, fut entendu de la cambuse. On accourt : une barque est amarrée au rivage ; nous sautons dedans, et nous volons à son secours. Mais alors, les marins espagnols se sont élancés de leur côté ; comme ils sont plus rapprochés du lieutenant, ils l'ont bien vite atteint, et, s'emparant de sa personne, ils le conduisent à leur bord.

Je m'empressai de lui porter ses habits ; mais ils ne voulurent pas le laisser se vêtir, voulant le conduire chez le gouverneur dans l'état où ils l'avaient trouvé ! A force de prières et de supplications, je parvins à obtenir de lui faire mettre ses souliers et sa chemise...

Arrivés chez le gouverneur, celui-ci, remarquant le nombreux rassemblement qui s'était formé, demande si le domestique du lieutenant est là ;

je me présente, portant toujours ses vêtements.

— Pourquoi laissez-vous le lieutenant se baigner? me dit-il d'un ton sévère.

— Je lui réponds qu'étant domestique, je n'ai aucune autorité à opposer à la volonté du lieutenant; que tout ce que je puis faire, c'est de l'accompagner pour veiller à sa sauvegarde...

— Je vous donne plein pouvoir, ajoute alors le gouverneur, pour empêcher le lieutenant de se baigner, et je vous préviens que vous êtes désormais responsable de toute contravention à ces ordres.

— Capitaine, je ferai mon possible, répliquai-je; c'est tout ce que je puis vous promettre.

Je pus alors faire habiller le lieutenant, et, ayant appelé un de mes camarades, nous le reconduisîmes à sa baraque, en le soutenant de chaque côté; car il était si faible qu'il fût tombé à chaque pas. Aussitôt arrivé, je pansai sa plaie, qui était assez profonde, avec de l'eau et du sel, et lui fis prendre un peu de vin; le lendemain, je lui en appliquai une compresse, et au bout de quelques jours il était guéri.

Mais alors ses manies le reprennent; il part sans

me rien dire... par bonheur je l'aperçois à temps ; alors, appelant Robichon :

— Tiens, lui dis-je, aie l'œil à ma soupe.

— Où vas-tu donc, Sébastien ?

— Regarde ; et je lui montrai le lieutenant qui allait bientôt disparaître au détour de la colline. Je cours et parviens à le rejoindre : Sauf votre respect, mon lieutenant, lui dis-je, où allez-vous ?...

— Je vais au camp...

— Voulez-vous que je vous accompagne ?...

— Comme tu voudras... Je le suivis ; mais au lieu de prendre le sentier qui menait au camp, il se dirige vers la mer ! Je m'avance, et lui barrant le passage, avec le salut militaire :

— Faites excuse, mon lieutenant ; mais je suis dans la nécessité d'aller recevoir un nombre indéfini de coups de schlague...

— Et pourquoi donc, mon pauvre Sébastien ?...

— Parce que vous allez vous baigner, mon lieutenant, et que le gouverneur m'a dit qu'il s'en prendrait à mes épaules de toute infraction à la défense qu'il vous en a faite...

— Le gouverneur ! fit-il avec emportement ; puis d'un ton plus calme : le gouverneur et toi vous êtes deux imbéciles !... et il rebroussa chemin. Dorénavant, il ne fit aucune tentative nouvelle.

Ayant, à quelque temps de là, fait une demande au capitaine général de Palma, pour être admis à l'hôpital de cette ville, on lui répondit que toutes les places étaient prises; mais que s'il voulait aller à Iviça rejoindre les officiers qui s'y trouvaient, il en avait la permission.

Il me fit part de cette nouvelle, ajoutant qu'il préférait rester à Cabréra, plutôt que de me quitter! J'eus beau lui représenter que sa santé, surtout, exigeait qu'il s'y déterminât; qu'une fois à l'hôpital il pourrait se faire traiter pour sa maladie, et qu'en définitive l'attachement d'un honnête serviteur ne pouvait faire préférer, à une ville, le séjour d'une île déserte : il fut inébranlable. — Vois-tu, Sébastien, disait-il, ton affection m'est plus précieuse que tout le reste...

— Mais, mon lieutenant, n'y aurait-il pas moyen d'arranger avantageusement la chose ?...

— Parle, Sébastien...

— Si vous demandiez l'autorisation de garder un domestique ?.

Mon maître se jeta dans mes bras, et m'étreignant

avec effusion : Mon ami, tu as raison, s'écria-t-il, j'y cours...

Par extraordinaire, il y avait en ce moment, à Cabréra, un commissaire des guerres ; le lieutenant obtint ce qu'il demandait, et quand la barque aux vivres arriva, je refusai, pour la première fois, de prendre part à la distribution...

Et quelques instants après, je quittais l'île maudite, pleine de souvenirs lugubres, pour monter dans cette barque, où je devais accomplir la première étape d'un voyage, bien long encore, vers la France et la liberté !

# DÉLIVRANCE ET RETOUR.

# DÉLIVRANCE ET RETOUR.

C'était le 1ᵉʳ novembre 1813, à la pointe du jour que nous quittions Cabréra. Ce ne fut pas sans verser de douloureuses larmes sur mes pauvres compagnons qui restaient. L'après-midi nous débarquions à Mayorque. Nous fûmes conduits dans un quartier de cavalerie : un corridor fut notre appartement ; pour lit nous eûmes les dalles de pierre.

Je me mis à parcourir les chambrées, sans savoir pourquoi : je n'eus pas lieu de m'en repentir ; car dans l'une je rencontrai un soldat qui faisait la manœuvre du sabre. Dans une volte-face, nous nous trouvons vis-à-vis l'un de l'autre ; il m'aperçoit, me reconnaît et venant à moi :

— C'est toi, Sébastien, dit-il en me prenant la main.

— Outrequin, me semble, répondis-je, éprouvant au contact de cette main, qui serrait la mienne, une impression que je n'avais jamais ressentie en pareille circonstance. Il y avait chez moi quelque chose de contraint et de pénible.

Je ne me trompais pas, c'était Outrequin. Ce soldat, qui était Dalmatien, avait longtemps servi la France. Tombé comme nous aux mains des Espagnols, il avait subi les tortures des cantonnements et des pontons, et, comme nous encore, il avait été transféré à Cabréra ! Mais ces malheurs, sans limites, dépassèrent celles de son courage. Le sentiment patriotique, moins fort en raison même de son origine, fut un rempart insuffisant contre la désertion. Brave, je l'avais vu à l'œuvre : il se fût fait hacher sur le champ de bataille, plutôt que de rompre d'une semelle ; mais son énergie morale faiblit en présence de cette existence sans nom, qui ne ressemblait qu'à une lente agonie : il prit du service en Espagne !

Ces renseignements m'expliquèrent le frisson que m'avait causé son contact.

— A quel heureux hasard dois-je le plaisir de te voir ? me demanda-t-il. Et je lui expliquai comme quoi je servais le lieutenant suisse et les arrangements que ce dernier avait pris.

Nous causâmes ainsi, longtemps encore, et il m'apprit que Desessarts, dont j'ai parlé dans le cours de ce récit, se trouvait aussi à Palma, et j'avoue que le plaisir de retrouver un ami auquel je m'étais attaché dans le malheur me fit oublier la manière dont il avait, lui aussi, conquis sa liberté : Desessarts avait pris du service dans l'infanterie espagnole. Or, après que nous eûmes soupé et que j'eus endossé une souquenille assez propre que me fournit Outrequin, nous nous acheminâmes vers le quartier de l'infanterie. Il me força à faire quelques haltes, et je dus comprendre que sa présence seule, ou plutôt son uniforme, tenait en respect les Espagnols, que six ans de martyre ne paraissaient pas avoir adoucis.

Arrivés à la caserne, nous demandâmes Desessarts, qui, à peine en ma présence, se jeta dans mes bras, suffoqué par les larmes. — Il ne pouvait parler, tant il était ému. Enfin, il put me demander des nouvelles de ceux qui étaient demeurés *là-bas*... Il ne prononçait ni le nom de Cabréra ni celui des camarades, et, profitant d'un moment où personne ne faisait attention à nous, il s'écria, en m'étreignant la main : Ah ! Sébastien ! Sébastien ! que tu es heureux et que je souffre !...

L'infortuné n'osait pas me parler de la France !

Je me sentais bien heureux, en effet ; car il m'était permis d'espérer revoir dans peu ma patrie, et je sentais, aux battements de mon cœur, en y pensant, que je pourrais fouler son sol chéri sans courber le front !

Ce pauvre Desessarts, comme il se repentait ! mais il n'était plus temps...

Je passai la journée avec ces deux anciens camarades et je m'aperçus que, pour eux, pour Desessarts du moins, avait commencé une terrible expiation. Le lendemain il vint m'apporter des effets propres qui, avec ce que m'avait procuré Outrequin, me forma un trousseau assez satisfaisant. Je fis alors un paquet de mes vieilles nippes que je fis passer à Dubreuille, à Cabréra, désirant lui offrir ce faible souvenir de mon amitié compatissante. Le souvenir des absents est doux aux prisonniers et plus tard je retrouverai, à Marseille, Dubreuille, et sa reconnaissance se traduira avec une effusion qui me fera verser de douces larmes! Ce pauvre ami! grâce à moi, il pourra vivre au soleil, hors de la caverne des *rafalés!*

Au bout de huit jours, courts comme un jour de fête, légers comme un doux rêve, il fallait quitter Palma. Mes amis m'accompagnèrent jusqu'au navire : ils étaient plongés dans le plus profond désespoir. Lorsque nous fûmes déjà loin du port, je les vis encore, immobiles, à l'endroit où je les avais quittés. Je voulus leur adresser un dernier adieu, en agitant mon mouchoir; mais ils n'y répondirent point : ils baissaient la tête sous le poids d'un remords, dont, tout en le comprenant, je me sentais navré!

Un incident bizarre signala notre traversée; et bien que j'aie découvert en ce moment chez les Espagnols un sentiment inconnu, je dois, j'ai promis de dire la vérité, sans en rien omettre.

Les marins espagnols n'avaient, comme les gargotiers de Palma, pour nous, que des regards de haine : il était facile de voir que notre présence leur déplaisait au dernier point. Mon lieutenant, Suisse comme je l'ai dit, ne leur inspirait pas la même antipathie. Ils lui demandèrent quel était mon pays ? Mon pauvre lieutenant, guidé par l'amitié qu'il me portait et croyant agir dans mes intérêts, répondit que j'étais Allemand. Alors, les Espagnols me virent, en effet, d'un œil moins courroucé.

Je m'étais assis sur le pont, et, tourné vers Cabréra, je m'étais absorbé dans les souvenirs les plus navrants. Tous les spectacles d'horreur qui m'avaient frappé pendant mon séjour dans l'île, s'agglomérant, en quelque sorte, s'offraient ensemble à mes regards éperdus. Rien ne m'échappait dans ce drame lugubre : ni le lieu de la scène, ni les acteurs dignes de figurer aux danses macabres, ni le machiniste...

Ces souvenirs, moins remplis d'horreur que de larmes et de frémissements, m'avaient absorbé à tel point, que j'oubliais ma délivrance. Une main, qui se posa sur mon épaule, me fit sortir de cette douloureuse rêverie. Je me retournai : c'était un marin espagnol, et, sous le coup des idées que je viens de décrire, je me reculai avec horreur, mais bientôt je songeai où j'étais, et d'ailleurs, la physionomie de l'homme qui était devant moi était loin de respirer la férocité.

Il venait me demander si je pourrais lui donner la signification des mots français d'un dictionnaire qu'il avait sous les yeux. Je m'y prêtai de bonne grâce, et instinctivement, je m'étendais avec amour sur les expressions qui déterminent chez nous les sentiments fraternels.

Cet exercice qui me plaisait à plus d'un titre, souleva enfin une question dangereuse : De quel pays es-tu donc? me demanda tout à coup l'Espagnol. — Je suis Français, répondis-je simplement. — Français! s'écria-t-il en manifestant un douloureux étonnement... d'où? — De Paris. — Pourquoi vous en étonner? — C'est vrai, tu es Français, dit-il, comme un homme qui réfléchit... Puis avec une gravité pleine d'énergie, il s'écria : Sébastien, ton lieutenant est un menteur!

— Il a cru devoir mentir! nous prend-il pour des bêtes féroces, capables de massacrer des hommes sans défense?... Oh, oui, tu es Français ! L'expression de ta physionomie est le cachet de la vérité! Et ils se réunissaient autour de moi, et ils me serraient la main, me demandaient ma sympathie. Il a cru pouvoir dire la vérité, répétaient-ils avec bonheur !

Et moi, ému de ces démonstrations inouïes, mais instruit par le malheur, je me livrai plutôt à mes sentiments qu'à mes bourreaux ; car je m'écriai : Espagnols ! pourquoi votre surprise ? ma conduite n'est-elle pas toute naturelle ? celle de mon lieutenant lui-même devrait trouver en vous autre chose que du mépris ! L'amitié qu'il me porte a bravé le cri de sa conscience ! quelle preuve plus grande pouvait-il donner de la générosité de son cœur ? Vous trouvez de la grandeur d'âme à avouer que je suis Français ? Français... mais n'est-ce pas pour avoir le droit de porter ce titre, que j'ai souffert tant de misères ! Ah ! j'oublie tout en me sentant digne de me proclamer Français devant vous, qui avez entouré ce nom de tant de haines et de supplices !

Les Espagnols me firent mille prévenances pendant la traversée. Il fallut prendre part à tous leurs repas, à toutes leurs fêtes. Je dois le dire, je n'avais pas la force de me soustraire à ces étranges démonstrations, et pourtant j'en gémissais ; car à deux pas de moi, mon pauvre lieutenant, réduit à la plus chétive ration et abreuvé d'outrages, ne me trouvait peut-être pas assez réservé envers les Espagnols, pas assez touché de ses amertumes. Mon pauvre lieutenant! Encore quelques jours, et vous verrez si mon attachement est entaché d'égoïsme!

Le soir du troisième jour, nous débarquions à Iviça et le patron me disait en nous débarquant : Sébastien, si je n'avais pas deux prisonniers à remettre je vous ramènerais à Mayorque, et j'espère que votre chagrin se dissiperait...

Je ne le laissai pas continuer, et étendant la main, comme un homme qui prend le ciel à témoin de la vérité de ses paroles, je lui dis : —Espagnol! détrompez-vous. L'amitié que vous m'avez montrée, j'arriverais sans doute à la partager; j'estime votre caractère qui me paraît plein de loyauté; mais tandis que mes compagnons, mes frères, sont là-bas, en proie à toutes les misères, à tous les besoins, à toutes les tortures, il me serait impossible de retrouver ma gaieté. Et je n'ose dire si ma main pourrait jamais serrer la main d'un Espagnol avant notre complète délivrance.

Il nous conduisit alors chez le gouverneur, puis nous nous quittâmes en silence; appelant tous les deux, peut-être, le moment où la volonté des rois ne jetterait plus dans le monde le brandon de la discorde, et où il serait permis d'étendre à tous les hommes les liens sacrés de la fraternité!

Je dus être, là encore, séparé de mon lieutenant; il fut envoyé à l'hôpital, et moi au fort, près des officiers.

Ma séparation d'avec mon lieutenant fut, pour moi, triste et déchirante; il me parut accablé non pas tant d'être séparé de moi, que par l'idée de mon peu d'attachement supposé.

J'étais sans place et sans moyen d'adoucir ma position. Les privations de Cabréra allaient renaître, moins Cabréra. Cela dura peu. Je rencontrai deux Parisiens... C'étaient deux juifs! pourquoi ne pas le dire? Je n'ai jamais su distinguer entre hommes également estimables. Ces deux juifs me procurèrent deux avantages : le premier de travailler, le second d'obtenir le fruit de mon travail. Il s'agissait de servir les officiers, de laver leur linge, de faire leurs commissions...

Au bout de quinze jours, un capitaine me demandait si je voulais entrer chez lui? J'y consentis. Il était marié et demeurait, avec sa femme, dans un logement particulier. J'eus bientôt gagné leur confiance, et leur conduite à mon égard pouvait être comparée à celle du lieutenant ; mais loin de me faire oublier cet excellent homme, elle me le rappelait au contraire, et pas un jour ne se passait que je ne demandasse de ses nouvelles au capitaine, qui, par bienveillance pour moi, allait tous les jours à l'hôpital.

Depuis quatre mois, j'étais chez le capitaine Henri : nous étions au mois de mars 1814. Il m'apprend, un jour, en revenant de voir le lieutenant, que j'allais revoir ce dernier au fort, sous peu. Puis il ajouta : — « Mon ami, ce ne sera pas pour longtemps ; car les officiers ne le voudront pas supporter, à cause de sa maladie ; ainsi, reste avec nous. Tu sais combien nous sommes contents de toi. Je crois que de ton côté tu n'as pas à te plaindre de nous : ne nous quitte point ; tu feras sagement. — Mon capitaine, répondis-je, c'est impossible, voyez-vous. Je sens que j'agirais mal en suivant votre conseil. Je connais la maladie du lieutenant et suis plus apte qu'un autre à en diminuer les désagréments ; et d'ailleurs, voyez-vous, j'ai de la sympathie pour le lieutenant qui m'aima quand j'étais malheureux et qui m'a fait sortir de Cabréra ! » —

Il essaya encore de me détourner de mon dessein ;

tout fut inutile. Alors, me prenant la main avec cordialité, il me dit : « Sébastien, ce que tu fais est bien : je t'estime. » Il me fit alors introduire dans le corps de bâtiment, où se trouvait le lieutenant : c'était une prison. La salle du rez-de-chaussée contenant une quarantaine de lits, sur deux rangs, était destinée aux domestiques.

Au premier, les officiers occupaient une chambre de même étendue, et disposée de la même manière.

En entrant au rez-de-chaussée, j'aperçus tout d'abord mon lieutenant assis sur le lit d'un domestique (c'était un mince matelas sur deux planches). Sa figure présentait les traces d'une poignante préoccupation; sa maigreur, du reste, me laissa stupéfait. Je m'approchai de lui et après m'être informé de sa santé, je lui dis, en deux mots, que je venais me mettre à sa disposition : « Mon pauvre Sébastien, répondit-il, je ne viens point pour t'arracher à une position avantageuse ; je ne m'abuse point sur celle que je t'offrirais : reste donc chez le capitaine Henri. » Ces paroles et le ton désespéré quoique calme dont il les prononçait, m'obligèrent à entrer dans les détails de ma conversation avec le capitaine. Alors sa tristesse se dissipa, son visage s'épanouit, et me serrant sur sa poitrine, il me dit avec effusion : « Mon bon Sébastien, tu es mon meilleur ami ! »

Il y avait trois jours que j'étais retourné avec le lieutenant, quand on nous donna la nouvelle, que les Allemands et les Italiens étaient mis en liberté. Mon bienfaiteur était compris dans la mesure ; il put alors quitter le fort, et se rendit, de nouveau, à l'hôpital. Avant de me quitter, il vint à moi et me prenant la main comme quelqu'un qui éprouve quelque hésitation à s'expliquer, il me dit enfin : « Mon ami, veux-tu sortir avec moi? — Comment donc, mon lieutenant? Mais, certes, que je le veux. — Mon ami… il n'y a qu'une parole à dire… ne t'y oppose pas, et si tu as de l'amitié pour moi, tu en seras bien récompensé par la reconnaissance que j'aurai de ce nouveau trait de ton dévouement. — Dites, que faut-il faire? — Laisse-moi te désigner comme un Allemand… — Jamais ! m'écriai-je ; je sortirai en me proclamant Français, ou je resterai ! — Cher Sébastien, me dit-il, je m'attendais à ta réponse ; je n'ai pas oublié notre traversée et ta louable susceptibilité. Pourtant, je tâcherai de suivre mon désir de manière à ce que tu n'aies rien à dire. » Un de ses amis était secrétaire du gouverneur, il alla le trouver et deux heures après, j'obtenais mon *exeat* à titre de Français.

Le lieutenant se rendit à l'hôpital; je le suivis. Nous occupâmes un appartement séparé. Mais bientôt mes occupations se multiplièrent à l'infini : les éloges de mon lieutenant, la douceur et l'égalité de mon caractère, inspirèrent aux autres officiers le désir de n'avoir pas d'autre serviteur que moi, et je puis dire que jamais un homme ne fut plus choyé, plus considéré par ceux qui l'emploient. Et le motif de la sympathie de ces messieurs consistait dans la parfaite égalité que je mettais à satisfaire les uns et les autres, qu'ils fussent ou non généreux, riches ou légers d'argent. Les jours, néanmoins, se passaient à soupirer après la délivrance; et la multiplicité de mes charges ne pouvait dissiper la douleur profonde que me causait, d'abord, l'exil; puis, encore, le dégoût d'être domestique, moi ouvrier indépendant ! Avec le lieutenant seul, j'avais été ému par une amitié réciproque. Il n'en était plus ainsi maintenant; et je me serais soustrait à cette existence sans la présence de mon bienfaiteur. J'en fus, du reste, bientôt privé... La libération définitive ne tarda pas désormais.

Quoi qu'il en soit, j'étais aussi heureux que possible avec les officiers.

L'hôpital où nous étions différait essentiellement de ce que je connaissais de ceux de Paris. L'on pouvait faire entrer, sans être soumis à aucune perquisition, tous les objets qu'on désirait ; d'un autre côté, et comme conséquence de ce principe, jamais on n'était à la diète. Il entrait, dans l'ordinaire des officiers, un quart de poulet, et ceux qui désiraient laisser cette ration, avaient un franc. Beaucoup profitaient de cette faculté et m'envoyaient alors chercher du vin dehors en m'abandonnant celui qu'ils recevaient à l'intérieur, ainsi que les autres aliments qu'ils ne pouvaient consommer.

Par le motif que j'ai exposé plus haut, je m'étais informé en arrivant à Iviça, s'il n'y avait pas de tanneurs dans la ville : je m'étais adressé à un cordonnier. Il en connaissait un, mais à une certaine distance ; je fus obligé de rester inactif.

Un jour, un des confrères de ce dernier prenait la mesure d'une paire de souliers à l'économe : les officiers étaient présents. Il s'informe s'il n'y a pas dans l'établissement un jeune homme arrivé avec un officier suisse, qui est tanneur ? ils répondent que je suis là, et l'on me fait appeler.

— Vous êtes tanneur ? me demande cet homme.

— Oui. — Où avez-vous travaillé? A — Paris. — Voulez-vous venir travailler chez moi? — J'accepte.

Le lundi suivant j'entrais chez ce patron. Grande fut ma surprise quand, au lieu d'être employé à une tannerie, je dus labourer la terre. Je n'avais jamais fait besogne semblable; mais comme avec de la bonne volonté l'on vient à bout de tout, je pris bientôt mon parti bravement. Je gagnais deux francs, et, je l'ai déjà dit, pourvu que le travail de mes mains me rapporte un honnête salaire, je ne crains point ma peine.

Cet état de choses dura peu; l'ouvrier espagnol qui conduisait la tannerie tomba malade, et le patron vint me trouver. « Vous m'avez dit, Sébastien, que vous étiez tanneur; je veux mettre vos connaissances en cette matière à l'épreuve : à vous la direction de la tannerie! — Ma foi, lui répondis-je, je suis prêt; car à votre labourage, je n'entends rien du tout. »

A peine avais-je inauguré mes nouvelles fonctions que je m'aperçus de l'état misérable dans lequel l'incurie du contre-maître que je remplaçais avait placé l'établissement. J'opérai immédiatement d'utiles réformes qui obtinrent l'assentiment et les éloges du patron, qui me donna trois francs.

Au bout de quinze jours, il m'aborde au moment où je venais de toucher ma paye et me dit : J'ai à vous parler ; voulez-vous entrer par ici? J'entrai et il commença d'abord par m'inviter à dîner avec lui. Nous nous mîmes immédiatement à table. Je voyais pendant le repas qu'au lieu d'aborder la question principale il passait d'une chose à une autre et paraissait préoccupé comme un homme qui n'ose pas dire le fond de sa pensée. Ce ne fut qu'après le dîner et après avoir absorbé de vigoureuses rasades qu'il s'y décida enfin.

— Je désirerais, me dit-il, que vous restassiez avec moi deux années, que les Français partissent ou non. Vous aurez trois *péseltas* (trois francs) par jour, plus la table et le logement ; ou, encore, un *douro (cinq francs)* sans la table, si vous l'aimez mieux.

Nous avions été si souvent leurrés par de vaines promesses d'échange, que je lui répondis que je consentais à sa proposition, me réservant, à part moi, je dois le dire, de partir néanmoins le plus tôt possible.

Nous étions alors au mois d'avril 1814, et comme il connaissait l'état des choses, il ne se pressait pas d'exécuter nos conventions.

Au mois de mai, il sut que nous allions être renvoyés enfin, et chaque jour il venait à la fabrique et me disait : Les Français vont partir, Sébastien, je ne crois pas que vous teniez vos promesses. Et moi, plongé dans l'incertitude, je lui répondais, qu'il se trompait sur mes intentions.

On aperçut, le 3 mai, un bâtiment français dans le port. Il venait chercher les officiers et soldats Allemands et Italiens. C'est là que je dus me séparer tout à fait de mon lieutenant.

J'étais allé le conduire au vaisseau et même, afin de le quitter le plus tard possible, j'étais monté avec lui dans la barque qui devait le conduire à bord. Quand il s'aperçut que je restais, il changea tout à coup de visage ; des larmes jaillirent de ses yeux, et me prenant la main qu'il serra avec effusion, il me dit : —Eh quoi! mon ami, tu me quittes? N'avais-tu pas promis que tu me suivrais jusqu'à la mort? J'avais compté bien des fois sur ton affection pour soutenir ma triste existence; me serais-je trompé, Sébastien! et serais-tu indifférent à ce qui peut m'arriver désormais? —

Mon cœur était gonflé et des sanglots étouffaient ma voix ; j'allais me précipiter dans ses bras et lui jurer de partir avec lui... Ah! que ceux que le destin a favorisés auraient un rôle sublime en même temps que facile à remplir, s'ils obéissaient à leur cœur et s'ils s'adressaient comme mon lieutenant l'avait toujours fait, aux généreux instincts que renferme l'âme de l'homme du peuple! Une pensée plus digne et plus impérieuse vint comprimer cet élan. Je suis Français! et l'amour de la patrie a toujours été ma devise! pouvais-je renier mon martyre glorieusement souffert, au dernier moment? moi qui avais su protester contre cette qualité d'Allemand qu'on m'avait attribuée, et me proclamer Français alors qu'il y avait danger à le faire; moi qui maintenant pouvais espérer un retour prochain; car je voyais aux discours des Espagnols, que les grands événements qui s'accomplissaient, allaient recevoir une solution, quelle qu'elle fût ; moi pour qui la trahison a toujours été le crime le plus immonde qui ait souillé l'humanité! pouvais-je, dis-je, au moyen d'un criminel subterfuge, me soustraire à cet exil qui enserrait encore tant d'amis, après en avoir tant dévoré!

Non! non! La France ne me reverra point sans mes frères et personne ne pourra me jeter cette malédiction à la face : si les autres, eux aussi, avaient menti, ils seraient aussi de retour...

Je répondis donc au lieutenant : — J'étais à Cabréra, sans pain, sans vêtements ; vous m'avez accueilli de préférence à tant d'autres et j'ai eu pain et vêtements... Le souvenir de mes tortures passées, le spectacle de l'horrible situation des amis qui sont encore dans l'île déserte, abreuvaient mon âme d'un chagrin sans remède... Vous m'avez fait sortir de Cabréra... Soyez béni !

— J'ai fait tous mes efforts pour vous prouver la gratitude de mon cœur... Je voudrais vous dévouer ma vie ; mais vous partez... et je reste ; et je dois rester... Je ne puis renier ma patrie : la France ne connaît pas les renégats ! » —

Nous nous séparâmes alors en nous montrant le ciel du regard et en ne prononçant qu'un mot étouffé : — Adieu ! adieu ! » —

Sous l'influence du bien-être qu'on éprouve toujours d'avoir obéi à sa conscience, je fus dans un état fébrile pendant quelques heures ; mais, à peine calmé, j'eus des retours déchirants : j'en vins à maudire un sot entêtement que j'avais pris pour de la grandeur d'âme. . . . . . . . . . . . . . . .

. . . . . . . . . Le souvenir de ma famille, de ma femme… m'étreignirent un instant au cœur comme un remords…

Je ne songeais pas que notre tour viendrait de sitôt ; j'étais toujours chez le tanneur aux conditions que j'ai dites. Un jour, un paysan m'aborde et me dit : — Les Français vont partir ! — J'étais devenu incrédule, et ne m'émus point de cette nouvelle ; pourtant le soir j'éprouvai le besoin de me promener au frais et me dirigeai instinctivement vers la ville. Je rencontrai, en arrivant, plusieurs amis qui accoururent à moi en criant avec délire : — Nous partons ! nous partons !… — C'était vrai ! le départ avait été fixé à quatre heures du matin. Donnant alors rendez-vous à mes amis dans une auberge où j'avais l'habitude de prendre mes repas, je courus chez mon patron pour lui remettre les clefs et recevoir ce qui m'était dû, en même temps que je lui annoncerais mon départ.

C'était le brick *l'Atlantique,* qui était chargé de notre transport.

Le capitaine et le pavillon blanc nous apprirent à quels événements nous étions redevables de notre délivrance…

Vous me croirez vous tous, qui que vous soyez, amis, dont la patience ne se sera pas lassée au récit du vieux soldat, vous me croirez, dis-je, quand je vous dirai que cette nouvelle étrange nous plongea dans le désespoir et nous fit regretter notre martyre. L'homme que nous aimions comme un père avait donc succombé sous cette destinée qui pendant longtemps s'était plu à en faire un dieu ! Nous ne le verrions plus, celui qui par un mot savait donner au soldat tant de gloire et de bonheur ! Par une malédiction dont nous ressentîmes un rude coup, nous allions devoir un service immense à une famille odieuse appuyée sur l'étranger ! Notre tristesse se fit jour malgré les efforts de la prudence, et quand le capitaine en nous recevant à bord, criera en brandissant son épée : *vive le roi!* nous répondrons avec une énergique loyauté : vive l'empereur *quand même!* Ce cri sera signalé et plus tard on s'efforcera de nous faire payer chèrement la manifestation de nos sentiments généreux ; on nous assimilera, en quelque sorte, aux *brigands de la Loire !*

L'empereur avait encore grandi dans le cœur des Cabrériens ; nous lui avions fait, pour ainsi dire, un piédestal de nos souffrances, par un sentiment analogue à celui qui fait que le bienfaiteur s'attache à l'obligé par un lien indissoluble !

Enfin, notre départ était certain ; j'en prévins mon patron, qui ne put cacher son mécontentement et qui me dit d'un ton sec : Je m'attendais à trouver chez vous plus de parole ; je comptais sur vous, et je m'aperçois un peu tard que j'ai eu tort. N'ayant pas le temps d'entrer dans de grandes explications et sans lui objecter que si je ne tenais pas ma parole, il n'avait pas, non plus, exécuté la sienne, je me contentai de lui répondre : — Je suis libre de rentrer en France après sept ans de captivité ; je puis enfin aller embrasser ma famille qui depuis sept ans n'a pas reçu de mes nouvelles et qui me croit mort... Que feriez-vous à ma place ? —

Surpris par cette question toute naturelle, sa réponse fut telle que je l'espérais. — Ma foi, Sébastien, je ferais comme vous ; je ne puis le nier. — Puis sans autre explication. — Quand partez-vous ? me dit-il. — L'on m'a dit, lui répondis-je, que c'était à quatre heures demain matin. — Oh ! il en sera bien dix, et si vous voulez venir déjeuner avec moi, vous me ferez plaisir ? — Volontiers. — Nous nous quittâmes.

Muni de trois *douros* (15 francs), qu'il me devait et qu'il m'avait donnés, j'allai rejoindre mes camarades avec lesquels je passai la soirée. Ensuite nous allâmes prendre un peu de repos, moi à l'hôpital où j'avais toujours le logement et mes camarades au fort. Nous dormîmes peu pour plusieurs causes qui se devinent, et nos officiers, du reste, ne nous l'eussent pas permis, il n'était pas trois heures que déjà ils se livraient à un véritable tintamarre.

Leurs domestiques s'empressèrent d'emballer leurs effets, et, comme je n'avais rien à faire, je les aidai de mon mieux.

A six heures, tout était prêt et transporté sur le port. Il était huit heures qnand on commença le chargement. Je profitai du temps que cela me laissait pour aller faire mes adieux au patron qui, contre mon espérance, me reçut froidement, en me rappelant encore de prétendues promesses. Je le quittai bientôt et revins au port vers dix heures.

Le moment de mettre à la voile était arrivé. Je grimpai sur le brick ; l'ancre fut hissée immédiatement, et nous sentîmes bientôt le balancement, de plus en plus saccadé, que la mer imprime aux vaisseaux qui prennent le large.

Avec quel bonheur, nous vîmes Iviça se perdre dans le lointain ! A mesure que nous avancions nous sentions nos poitrines se dilater ; il nous semblait que nous respirions un air plus pur. Un vent favorable nous faisait avancer en pleine sécurité ; et sans avoir éprouvé d'accidents sérieux, nous nous trouvâmes au matin du huitième jour, en vue de Marseille, où nous devions aborder.

Il me serait impossible de décrire les sentiments que j'éprouvai alors. Comme il arrive quand on voit pour la première fois une merveille inconnue, je respirais à flots une certaine volupté indéfinissable ; mes yeux démesurément ouverts embrassaient d'un regard l'horizon français, mais sans rien distinguer, sans isoler jamais un point d'un autre. Ce ne fut qu'en touchant au port que mes sensations se personnifièrent ! Mais comme il arrive encore à celui que berce mollement un doux rêve dont il voudrait instinctivement prolonger le charme, j'éprouvai en me réveillant, en distinguant les objets, un regret cuisant d'en voir arriver sitôt la fin.

Un frémissement étrange s'empara de moi, et je fus obligé de m'appuyer avec force pour ne pas tomber. C'était le soir. Nous passâmes la nuit à bord et le lendemain nous fûmes débarqués et conduits au lazaret pour subir la triste station de la *quarantaine!* Que mes impressions différaient en ce moment de celles de la veille ! comme je souffrais de cet emprisonnement inattendu ! Le sol me brûlait les pieds, et j'aurais donné la moitié des jours qui me restaient à vivre pour pouvoir m'enfuir et courir, tout d'une haleine, jusqu'au sein de ma famille. La consigne était là ! La moitié des Cabrériens était arrivée ; les autres étaient attendus d'un jour à l'autre : ils arrivèrent le troisième jour. Admis parmi les officiers, j'étais séparé de mes camarades, à mon grand regret ; car j'avais hâte de presser sur ma poitrine ceux qui avaient pu survivre à tant de maux. Je repassais dans ma mémoire les noms de ceux avec lesquels j'avais été le plus lié, et ce n'était pas sans un serrement de cœur terrible que je me faisais cette question : — *Les retrouverai-je ?*

Je me souviens que nous étions placés sous un hangar élevé. On avait dressé vis-à-vis, dans la cour une baraque en bois peint et décorée avec luxe à l'intention de la duchesse douairière d'Orléans, que l'on attendait incessamment et qui devait aussi faire la quarantaine, ainsi que sa suite.

La nôtre a peu duré : il n'y avait pas de malades ; de sorte que le 4 juin elle fut levée, et je pus voir mes pauvres camarades. Longtemps Dubreuille me tint embrassé ; nous versions tous les deux de douces larmes, et le souvenir des maux soufferts ensemble augmentait le bonheur que nous ressentions à nous voir libres enfin, — après Dubreuille, ce furent d'autres : il arriva même que je pressai avec attendrissement sur ma poitrine des camarades inconnus, mais frères pourtant et marqués au cachet de Cabréra.

Combien hélas ! manquaient à l'appel ! Je parcourais les groupes avec anxiété ; ils ne m'apportaient qu'une certitude plus épouvantable, les six septièmes des Cabrériens avaient péri ! six sur sept !

Le cinq juin nous dûmes subir l'opération des parfums. Il s'agissait d'entrer dans une grande salle jusqu'à ce qu'elle fût pleine. Un individu placé au milieu faisait, alors, brûler des essences aromatiques, puis il sortait en fermant la porte sur nous. Nous dûmes alors passer près de l'urne et faire le tour de cette salle hermétiquement fermée. Après cela, l'on nous fit sortir pour en faire entrer d'autres, et ainsi de suite jusqu'à ce que tout le monde y eût passé. Il était temps de sortir, je puis le dire; notre oppression commençait à dégénérer en véritable asphyxie.

La quarantaine fut définitivement levée et les enfants de Marseille s'annoncèrent à leurs familles par tous les moyens possibles. Ce fut bientôt la nouvelle de tout le monde.

Une affluence incroyable obligeait des milliers de femmes et d'enfants à stationner devant la porte. Que de naïfs spectacles il me fut donné de contempler! Quelles douces larmes je vis répandre en y mêlant les miennes! Paris! Paris! m'écriais-je, quand serai-je à Paris, pour jouir, moi aussi, de ces tendres caresses!

Le général Lobau vint le 7, avec brillante suite d'officiers, pour nous passer en revue et réformer ceux dont la santé n'était plus en état de soutenir les fatigues militaires. Quant aux autres, on en devait disposer de nouveau et sans retard. En effet le jour même on nous apprit que le régiment qu'on allait former de nos restes, serait transporté le lendemain en Corse, sur deux frégates qui attendaient dans le port.

Cette nouvelle nous plongea dans une consternation difficile à décrire. Notre désespoir ne connut plus de bornes. Des larmes amères coulèrent de nos yeux en présence de cet accueil que nous faisait la France. — Nos familles!... nous allions nous éloigner sans les voir, après avoir savouré les délices d'une espérance à demi réalisée... — Le lendemain quand le parloir fut rempli, l'on ne tarda pas à s'apercevoir de la tristesse de nos cœurs. Qu'avez-vous, mes enfants! Qu'avez-vous? remplaça les premières tendresses, les premiers épanchements.

— La Corse nous enlève demain à nos familles chéries! telle fut notre réponse. —

Ce furent alors des cris d'indignation dans toutes les bouches :

— Ces pauvres chers hommes! ces martyrs, n'ont-ils donc pas payé leur dette? ne trouve-t-on pas qu'il en soit assez mort là-bas, qu'on veut les envoyer en Corse, pour en finir?.. Vous ne partirez pas! — Puis quelques chuchotements se firent entendre, et elles se levèrent en criant d'un accent énergique : — Courons! —

Stupéfaits de cette disparition précipitée, nous attendîmes avec anxiété l'explication d'une énigme qui ne devait avoir que nous pour objet. Nous étions plongés dans nos réflexions lorsque, tout à coup, nous entendîmes comme le bruit de l'Océan se brisant contre les récifs. Mais ce bruit indécis, vague d'abord, se précisa, et nous ne doutâmes bientôt plus qu'une foule gigantesque se dirigeait vers notre prison.

C'étaient les femmes de Marseille qui, à la première nouvelle de la barbarie qu'on voulait exercer sur nous, s'insurgeaient généreusement et se levaient *comme un seul homme!*

Leur procédé fut aussi simple qu'expéditif. Elles s'emparèrent du portier pour lui prendre les clefs; puis, elles ouvrirent les portes toutes grandes en criant : Sauvez-vous ! sauvez-vous !

Nous ne nous fîmes pas prier; et nous passions un instant après sous les fenêtres du général (qui n'avait pas encore inventé ses irrigations), en faisant un horrible vacarme; il ignorait parfaitement ce que cela voulait dire.

Il le sut bientôt; car le portier répondit, dit-on, à l'aide de camp qu'il avait envoyé aux renseignements. — Ce sont les femmes de Marseille qui enlèvent les Cabrériens, *à l'unanimité!* —

Le général et les officiers restèrent seuls; pour mon

compte, au lieu de poursuivre ma course, je retournai sur mes pas et rejoignis les officiers, auxquels je fis part de l'aventure, en les engageant, — « à suivre des soldats les traces glorieuses ! » — Mais, nous ne pouvons pas nous sauver ainsi, de bonne volonté, nous, répondirent-ils, nos grades nous imposent plus de réserve : — Ah ! si les braves femmes de Marseille étaient assez aimables pour nous faire violence...

Deux autres domestiques s'offrent de tenter avec moi les chances de cette séduction en masse. La porte était toujours grande ouverte. Nous sortons, et nous supplions ces dames de vouloir bien renouveler leur vigoureuse et noble campagne.

Il faut dire ici que les officiers n'étaient pas dans la même position que nous relativement à ces femmes généreuses. Il n'y avait plus ni rapport de parenté, ni rapport de condition, — cela ne les touchait plus d'aussi près ; de sorte qu'elles n'eussent pas pensé peut-être à les faire jouir de leur victoire, n'imaginant pas, il faut le dire encore, être en mesure de causer quelque plaisir aux officiers, de leur rendre service en les délivrant.

Les dames d'un monde plus favorisé auraient

songé surtout, elles, aux officiers et auraient gémi de les voir s'éloigner de la France après en avoir à peine touché les rivages! Mais leur mécontentement et leur douleur ne se seraient pas traduits par l'envahissement des casernes et la délivrance héroïque des captifs! Les femmes du peuple n'ont pas appris ces défiances, ces timidités pudibondes qui empêchent d'obéir à la voix du cœur. Les convenances, les convenances ne les rendent point égoïstes ; elles ne les empêchent jamais d'être héroïquement dévouées et sublimes !

Au premier mot que nous prononçâmes, deux sentiments opposés envahirent leurs cœurs : plaisir et regret. Plaisir d'avoir encore la possibilité de rendre service ; regret de n'avoir pas songé, elles, à délivrer les officiers, puisque cela était possible.

Cette commission remplie, nous nous mîmes à la recherche de nos camarades, mais ce fut en vain. Beaucoup avaient déjà pris la route d'Aix, pour se soustraire à un nouvel embarquement ; d'autres avaient été accueillis par les habitants de Marseille, qui leur firent fête comme à leurs propres enfants. Nous prîmes alors le parti de nous promener par la ville, espérant rencontrer quelques-uns de nos officiers :

c'est ce qui arriva, en effet, au bout de quelques instants. Ils nous apprirent que dans trois jours nous devions partir pour rejoindre notre régiment, à Grenoble, et qu'ils allaient solliciter les quarante francs d'indemnité, qui nous appartenaient comme prisonniers de guerre. Ils nous engagèrent à nous rendre auprès d'eux tous les matins, à dix heures précises, afin de savoir à quoi nous en tenir.

Le général avait fait défense par toute la ville de loger les prisonniers et invité, au contraire, à les faire rentrer au fort Saint-Nicolas, qui nous servait de caserne. Un grand nombre de nos camarades obéirent, mais non sans avoir reçu beaucoup d'argent des habitants, ainsi que du linge de corps et des vêtements de toute sorte. C'est une justice à rendre aux habitants de Marseille, que leur humanité a été au-dessus de tout éloge. Nous l'éprouvâmes, mes camarades et moi, dans la promenade que nous fîmes le lendemain de notre évasion.

C'était sur cette superbe *cannébière* dont les Marseillais sont si fiers. Une marchande de bouquets nous arrête et nous prie d'attendre un instant. Alors prenant un chapeau elle aborde les passants en les priant de songer aux pauvres Cabrériens. Tout le monde accourait avec transport, bien que nous fussions mis comme d'honnêtes bourgeois, auprès de nos pauvres frères d'armes déguenillés. — Après une quête d'un quart d'heure, elle se disposa à nous la présenter, car c'était à notre intention qu'elle l'avait faite. Quelle fut sa surprise ! quand nous lui exprimâmes notre reconnaissance en ces termes:—Ce que vous avez fait est très-bien, madame, mais nous ne pouvons accepter, — nous avons de l'argent, nous allons en recevoir encore ; nous n'avons besoin de rien. Nous sommes avec des officiers et nous ne venons pas directement de Cabréra. N'attribuez pas ce refus à un sentiment de fierté déplacée. Nous sommes fort touchés de votre générosité, et pour preuve nous vous demandons un nouveau service : c'est de distribuer cette somme au premier de nos frères qui passera devant vous, dénué de tout, comme il y en a tant !

Sur sa promesse nous la quittâmes en lui souhaitant toutes sortes de prospérités, et nous continuâmes notre promenade.

En passant devant un marchand de vin, il nous prit fantaisie d'entrer nous rafraîchir. Nous demandâmes une bouteille qui en appela deux autres, car l'on nous servit du meilleur. Avant de partir, nous demandâmes au marchand ce qui lui était dû, et il nous répondit : — Rien, mes braves ! — Il y avait là trois femmes du peuple ; l'une d'elles nous demanda pourquoi nous n'allions pas au fort Saint-Nicolas ? Nous lui exprimâmes nos craintes d'être forcés à quitter de nouveau la France. — Ne craignez rien, nous dit-elle, les Marseillais ne le souffriraient pas ! —

Toutes nos instances pour payer notre consommation furent inutiles : nous sortîmes avec la conviction que ces braves femmes avaient payé pour nous.

Nous nous dirigeâmes vers le Prado, promenade magnifique au sud-est de Marseille. Cette promenade serpente au pied d'un mamelon que nous gravîmes afin de jouir du coup d'œil général de la ville. Nous trouvâmes sur le sommet l'église de *Notre-Dame de la Garde*. A côté de l'église se trouve un fort du même nom, gardé par quelques soldats. Les prisonniers d'État y étaient quelquefois gardés, nous dit-on, avant 89. — La tradition veut que ce soit là qu'ait été enfermé, pendant quinze jours, le célèbre et mystérieux personnage, connu sous le nom de l'homme au masque de fer. Ce château eut pour commandant, sous Louis XIV, M. de Scudéry, guerrier et troubadour, père d'une femme de ce nom célèbre par des ouvrages qu'on ne lit plus.

La position du fort est en quelque sorte inexpugnable; et, comme j'en faisais l'observation à un vieux militaire qui montait sa faction, il me répondit, en me désignant une pierre chenue, sur laquelle on apercevait encore quelques excavations qui pouvaient ressembler à des caractères à demi effacés : — De mon temps, camarade, on déchiffrait encore des vers gravés là par M. de Scudéry, qui résument votre pensée :

> C'est Notre-Dame de la Garde,
> Gouvernement commode et beau,
> A qui suffit pour toute garde,
> Un Suisse avec sa hallebarde
> Peint sur la porte du château.

# CONCLUSION.

Ici mon vieux narrateur s'arrêta, et comme l'ouvrier parvenu à la fin de sa journée, dépose son outil, il sembla déposer sa mémoire... Je vis avec inquiétude son visage s'altérer et son regard perdre son éclat intellectuel : son affaissement paraissait complet. J'essayai de le faire revenir à lui, afin de connaître le dernier mot de sa douloureuse Odyssée !...

— Ah! mon ami, reprit-il enfin, en paraissant repousser avec effort un souvenir cruel, je ne me souviens que trop du reste; mais n'exigez pas que je vous le raconte... le prisonnier a tout dit... laissez l'homme mourir en paix...

— Eh quoi! m'écriai-je, le malheur vous aurait poursuivi jusque dans le sein de votre famille?... —

— Ma famille!... répliqua-t-il d'un air sombre... je n'avais plus de famille...—Et... cette femme à qui vous aviez conservé un si pieux attachement?... — Elle était morte !

FIN.

# VIEUX SOLDATS DE L'EMPIRE,

PRISONNIERS SUR LES PONTONS DE CADIX ET DANS L'ILE DÉSERTE DE CABRÉRA.

---

AUGÉ, capitaine d'état-major, à Bercy, près Paris.
ANDRÉ, boulevard du Temple, 12.
AMIET (Pierre-Alexis), cordonnier, rue de l'Université, 143.
AUGUSTIN, rue Quincampoix, 69, chez M. Durand M$^d$. de vin.
BOQUET (Laurent-Victor), journalier, à Croissy, près Chatou.
BESSIN (Michel), commissionnaire, rue de Bondy, 82.
BOULEROT, corroyeur, rue Mouffetard, 186.
BONNIN (Jacques-Parfait), horticulteur, rue Saint-Dominique-Saint-Germain, 181.
BRÉMOND (Alexis), maréchal-ferrant, à la Rouillière, près Avesnes (Nord).
BENIER (Jean-Claude), place du Marché-Neuf, à St. Germain, chez M. Charretier.
BIGOT (Layetier), rue du Petit-Musc, 6.
BICHEREL (Louis), cultivateur à Colombe, près Paris.
BRIOUX (Jules), commissionnaire, rue du chemin de Ronde, 2, à la Gare.
BOURG (Francois), rue Mandar, 1.

BELOT, rue Rochechouart, 8.

BANCELIN, rue Oblin, 4.

BESANÇON (Cantin), rue de la Pépinière, 55, chez M. Roussel.

BOULET, marchand de vins, rue Saint-Martin, 258.

CAMUS (Pierre), fort à la Halle, rue de la Grande-Truanderie, 37.

CANAPLE (Joseph-Antoine), menuisier, rue de Pologne, 63, à Saint-Germain en Laye.

COURTIN (Hercule), fruitier, rue Mazière, 3, à Versailles.

COUTURIER (Pierre-Jacques), jardinier, rue des Entrepreneurs, à Grenelle.

CUNIÈRE (Jean-Marie), ébéniste, Grande rue de Reuilly, 7.

CAPITAINE (Nicolas), déchargeur, rue de Lagny, à la Barrière du Trône, 4.

CHARRA (Benoit), tailleur, rue de Paradis, 10, au Marais.

COUTEAU, épicier, à Milly (Seine-et-Oise).

CAUX, rue de Poitiers, 10, faubourg Saint-Germain.

CANTIN, employé, à l'hospice Saint-Louis.

CUSSIN, rue de la Chaussée-d'Antin, 2.

CHAUVIN, lieutenant en retraite, rue des Couronnes, 2, à la Chapelle Saint-Denis.

CLOUET, capitaine.

COCHETEUX, rue de l'Etoile, 2.

CHARPINSOT (Jacques), rue Haute-des-Champs-Cottet, 20, à Nogent-sur-Seine.

DUMOULIN (Nicolas), tonnelier, rue de l'Ile-Saint-Louis, 52.

DEBRIE (Jean), tabletier, rue Rambuteau, 10.

DENANT (Baptiste), homme de peine, rue du Faubourg-Saint-Martin, 157.

DURAND (Pierre), à Belleville, rue des Prés, 17.

DEGRISELLE (St.-Nicolas), fabricant de cols, rue Bourg-l'Abbé, 3.

DELAITRE, capitaine retraité, rue Fontaine-au-Roi, 29.

DENEUILLY, rue Saint-Merry, 20.

DESCHAMPS, rue du Faubourg du Roule Saint-Honoré, 16.
DELVOYE, rue de Charenton, 54.
EDMOND (Antoine), gardien des trav. publics, rue des Noyers, 32.
FAYELLE, secrétaire, rue de la Harpe, 37.
FONTAINE (Jean-Jacques), marinier, à Nogent-sur-Seine, rue des Ponts.
GODEFROY (Auguste), fruitier, rue de Marseille, 29, à Saint-Germain.
GUILLOIS (Etienne), armurier, rue de Vaugirard, 97.
GIROT, marchand de vin, rue de la Coutellerie.
GAILLETON, négociant en vins, à l'entrepôt St-Bernard, Paris.
GRIPPE, propriétaire, boulevard Mont-Parnasse, 73.
GILBERT (Pierre-André), rue Regrattière, 9, île Saint-Louis.
GILLES, commissaire de police, rue du Grand-Chantier, 7.
GOMBAULT, rue d'Arcole, 6.
GOUBIN, rue Gît-le-Cœur, 4.
GIRARDOT (Marc), garçon de chantier, rue des Nonandières, 2.
GAUDU (Jacques).
HÉRISSON (Jacques), rue du Faubourg-Saint-Jacques, 31.
HOUDAS (Jean-Noel), rue Ste-Marguerite, 6, faub. St-Antoine.
LEMOINE (Denis), cultivateur à Roissy (Seine-et-Oise).
LENOBLE, tambour, rue Beauvau, 6.
LAFOREST (Louis), passementier, rue de la Grande-Truanderie, 46.
LAFOREST (Claude), menuisier, rue Tiquetonne, 5.
LAPAILLE (Cadet), marchand de vin à Chevreuse (Seine-et-Oise).
LECLERC (François), aubergiste, rue de Meaux, 62, Petite-Villette.
LECUYER (Adrien), rue Jean-Durand, 17, à Stains près St-Denis.
LEFÈVRE, rue de Paradis-Poissonnière, 6.
LEMOINE, rue de Baune, 27, à Belleville.
MILLET (Nicolas), dérouleur, quai d'Austerlitz, 9.
MAGOT, cultivateur, Ivry-sur-Seine.
MORIN, ferblantier-lampiste, rue du Caire, 5.

MARTIN, serrurier, rue des Gravilliers, 66.

MICHELAN, place Dauphine, 7.

MERCIER, rue des Soly, 6.

NEZAU (David), cultivateur, à Puteaux.

PELISSIER, ciseleur, rue du Fouarc, 7.

POUYOTTE, maître boulanger, à Montargis (Aube).

PHELIPPEAU (François), commissionn., rue du Chemin-de-Ronde du Mont-Parnasse, 11.

POTEL (Charles), cultivateur, à Port-Marly (Seine-et-Oise).

PETRÉMIEUX (François), concierge, quai Voltaire, 2.

POTIER, traiteur, piliers-d'Etain, à la Halle.

POUCET, rue de Charonne, impasse Delaunay, 5.

PETIT, rue Rochechouart, impasse Briare, 8.

POUJOT, cordonnier, impasse des Gendarmes, à Versailles.

PERCY (François), gardien des travaux, rue de Charonne, imp. Delaunay, 5.

PÈRE (Fiché), rue des Enfants-Rouges, 2.

PLÉES, rue Saint-Louis, 72.

ROBE, rue des Petits-Champs, 36.

RAUTER, rue Neuve-de-la-Victoire, Chaussée-d'Antin, 6.

ROBERT, cultivateur.

RAVOIX (Jacques), cordonnier, rue de la Tacherie, 8.

RICHARD (Charles), concierge, quai Saint-Michel, 2.

RAVERDY, adjudant d'état-major, à la mairie du 4e.

SENARD (Claude), serrurier, rue de Lappe, 9, faub. St.-Antoine.

THIERRY (Benjamin), employé, rue Sainte-Placide, 17.

TURELURE, pâtissier, place du Carrousel.

VINCENT, marchand de vin, au coin de la rue Croix-de-Nivers.

VADET (Jean-Baptiste), imprimeur sur papier, Grande-Rue.

VILLEMINOT, rue de la Roquette, 44, passage Thierry, esc. A.

WAGRÉ, rue du Vertbois, 3.

WARNIER, rue Lamartine, 17.

# TABLE DES MATIÈRES.

Préface. . . . . . . . . . . . . . . . 1
Avant-propos. . . . . . . . . . . . . 11
Introduction. . . . . . . . . . . . . 15
Guerre d'Espagne. . . . . . . . . . . 15
Capitulation de Baylen. . . . . . . . 37
Un mot de l'auteur. . . . . . . . . . 67
Prisonniers de guerre. . . . . . . . 71
Cantonnements. . . . . . . . . . . . 73
Pontons. . . . . . . . . . . . . . . 107
L'île déserte de Cabréra. . . . . . . 137
Délivrance et retour. . . . . . . . . 257
Conclusion. . . . . . . . . . . . . . 293
Vieux soldats de l'empire. . . . . . 295

# PARIS : AMYOT, RUE DE LA PAIX.

*(Le Catalogue général se distribue chez tous les libraires.)*

**HISTOIRE DE LA CONQUÊTE DE NAPLES** par Charles d'Anjou, frère de saint Louis, par le comte *Alexis de Saint-Priest.* 4 vol. in-8... 20 fr.

« La *Conquête de Naples* est une œuvre de haute distinction, un excellent commentaire du Dante, vigoureusement pensé, splendidement écrit, et un livre d'histoire plein de mouvement, de vie et d'intérêt. » *(Constitutionnel.)*

« Il n'y a pas seulement, dans l'ouvrage de M. de Saint-Priest, une explication profonde et vraie des causes de la conquête de Naples, disons mieux, de la puissance temporelle des papes, de la subdivision territoriale ancienne et moderne de l'Italie ; il y a encore, par-dessus cette philosophie, qui est comme la conscience intime de l'histoire, une riche broderie de détails, de récits et de descriptions. M. de Saint-Priest possède admirablement toutes les scènes de son ouvrage. Il s'est identifié à son sujet. Il s'en est bien assimilé la nature, la vie, la décoration. Son drame a un paysage. — Tous ceux qui voudront comprendre la question italienne dans sa véritable origine devront lire cette histoire. Ils y trouveront la solution du problème qui agite à cette heure, si douloureusement, de spasmes convulsifs les tronçons détachés de la Péninsule. Ce n'est pas seulement le livre du passé, c'est le livre du moment. » *(Presse.)*

**HISTOIRE DE LA SICILE SOUS LA DOMINATION DES NORMANDS,** depuis la conquête de l'île jusqu'à l'établissement de la monarchie, par M. de *Bazancourt.* 2 vol. in-8.................. 15 fr.

« C'est un beau et vaste sujet tout rempli de grands événements et de grands hommes. » *(Journal des Débats.)*

« Quelle plus belle histoire à retracer que celle de ces fiers guerriers, bons gentilshommes, n'ayant pour tout patrimoine que leur épée, leur espérance et leur foi ! Ils quittent le pays où ils sont nés et la maison de leur père, parce que dans ce pays ils ne possèdent rien, parce que cette maison est pauvre et vide. — Héros d'aventures, ils cherchent les périls et les batailles. Ainsi, ils arrivent au milieu d'un siècle de décadence et parcourent en vainqueurs la Pouille et la Calabre, forcent les Grecs écrasés à assister malgré eux à l'enfantement de cette nouvelle domination. Ces années si fécondes en événements de toute nature, ces péripéties inattendues offrent l'histoire, non-seulement d'un pays, mais aussi celle de toutes les passions humaines, de ses folles espérances, de ses ambitions, de ses joies et de ses douleurs. Cette époque à retracer était une œuvre difficile et importante, que M. de Bazancourt a traitée avec une grande élévation de style et de pensée, et surtout avec une consciencieuse sévérité historique. » *(Presse.)*

**DE L'ITALIE,** dans ses rapports avec la liberté et la civilisation moderne, par M. A. L. *Mazzini.* 2 vol. in-8.

« M. Mazzini a bien compris l'avenir de l'Italie, parce qu'il a bien étudié son passé. En désaccord avec Gioberti, Balbo, d'Azeglio, avec tous les hommes en possession en ce moment de la faveur populaire, il ne partage pas leurs illusions, et il ose traiter leurs espérances de chimères : hier encore, nous aurions pu hésiter, mais aujourd'hui... » *(Semeur.)*

**MÉMOIRES DU GÉNÉRAL PÉPÉ,** écrits par lui-même. 3 vol. in-8. 18 fr.

« Depuis la naissance du général Pépé, le royaume de Naples et l'Italie entière n'ont cessé de tressaillir à l'explosion de la Révolution française en 1789 ; au bruit des victoires de Napoléon en Lombardie ; aux acclamations qui saluent la République parthénopéenne ; aux gémissements qui suivent la réaction sanglante du cardinal Ruffo ; à chaque retour meurtrier du roi Ferdinand dans ses États ; à l'avénement de Joseph ; à la chute de Murat ; enfin aux cris de liberté que poussent un moment Naples et le Piémont en 1821, mais qui bientôt s'affaiblissent et meurent devant les baïonnettes autrichiennes. Cette remarquable époque est celle qu'embrassent et que peignent les Mémoires du général Pépé. On le voit en tout temps, en tous lieux, penser, parler, souffrir, conspirer, combattre pour l'Italie son indépendance. » *(Journal des...*

**INSURRECTION** ...........*taneo.* 1 vol. in-8............ ...... 3 fr.

www.ingramcontent.com/pod-product-compliance
Lightning Source LLC
Chambersburg PA
CBHW071529160426
43196CB00010B/1712